Sbardun

Meinir Ebbsworth

Cyhoeddwyd gan y Ganolfan Astudiaethau Addysg, Aberystwyth (www.caa.aber.ac.uk)

Noddwyd gan Lywodraeth Cynulliad Cymru.

ISBN 978-1-84521-151-6

Golygwyd gan Delyth Ifan

Dyluniwyd gan Richard Huw Pritchard

Argraffwyd gan Gwasg Gomer

Diolch i Rhian Llwyd Dafydd, Eleri Owen, Clive Phillips ac Eleri Wyn Thomas am eu harweiniad gwerthfawr.

Cydnabyddiaethau

Mae'r cyhoeddwyr yn ddiolchgar i'r canlynol am ganiatâd i atgynhyrchu deunyddiau:

Cyngor Sir Ynys Môn
Gwasg Carreg Gwalch
Gwasg Gomer
Gwasg y Dref Wen
Rily Publications Ltd.
Urdd Gobaith Cymru

Lluniau a ffotograffau

Richard Huw Pritchard – tud. 2, 3, 6, 7, 8, 9, 13, 15, 29, 32, 36, 39, 44, 59, 76, 80, 83, 86
Enfys Beynon Jenkins – tud. 8
Sain Ffagan, Amgueddfa Werin Cymru - tud. 16
TopFoto - tud. 27
Urdd Gobaith Cymru – tud. 27, 60
Canolfan Mileniwm Cymru – tud. 53

Trefn yr Unedau

	Ansoddeiriau	Atalnodi	Berfau	Berfenwau a berfau	Cyffelybiaethau	Cymharu ansoddeiriau	Cystrawen	Darllen ar goedd	Disgrifiad	Drama	Dyddiadur	Dyfynodau	e-bost	Gwaith geiriadur	Gwrywaidd/Benywaidd	Llafariaid	Lluosog	Newyddion Papur Bro	Odli	Sgript	Sillafu	Stori	Treiglo ar ôl 'i'	Treiglo ar ôl 'i' ac 'o'	Treiglo ar ôl 'o'	Y negydd
Cerdyn Post		✓																								
Sain Ffagan		✓												✓												
Y Ci a'r Asgwrn		✓												✓												
Paid!														✓							✓					
Tasg Ysgrifennu																				✓						
Ffrindiau							✓																			✓
Stiwpendo Fach					✓																					
Amser Cinio																✓					✓					
Tasg Ysgrifennu									✓																	
I Fyny yn yr Awyr						✓																				
Dim Mwnci'n y Dosbarth														✓					✓							
Casandra								✓																		
Tasg Ysgrifennu										✓																
Barti Ddu		✓															✓									
Canolfan y Mileniwm															✓											
Tasg Ysgrifennu													✓													
A-WW! Wynff a'r Dant Drwg												✓														
Llangrannog ddoe a heddiw																							✓			
Tasg Ysgrifennu											✓															
Ar y we														✓					✓							
Ysgol Lol																								✓		
Clecs																									✓	
Tasg Ysgrifennu																		✓								
James a'r Eirinen Wlanog Enfawr				✓																						
Ta-Ta Tryweryn!			✓																							
Siani'r Shetland	✓		✓																							
Gwiber Emlyn	✓																									
Tasg Ysgrifennu																						✓				

Siŵr o'r sillafu? ...

Gofynnwch i'ch athro neu athrawes i ysgrifennu'r gair yn glir i chi.

Sut mae cofio'r gair?

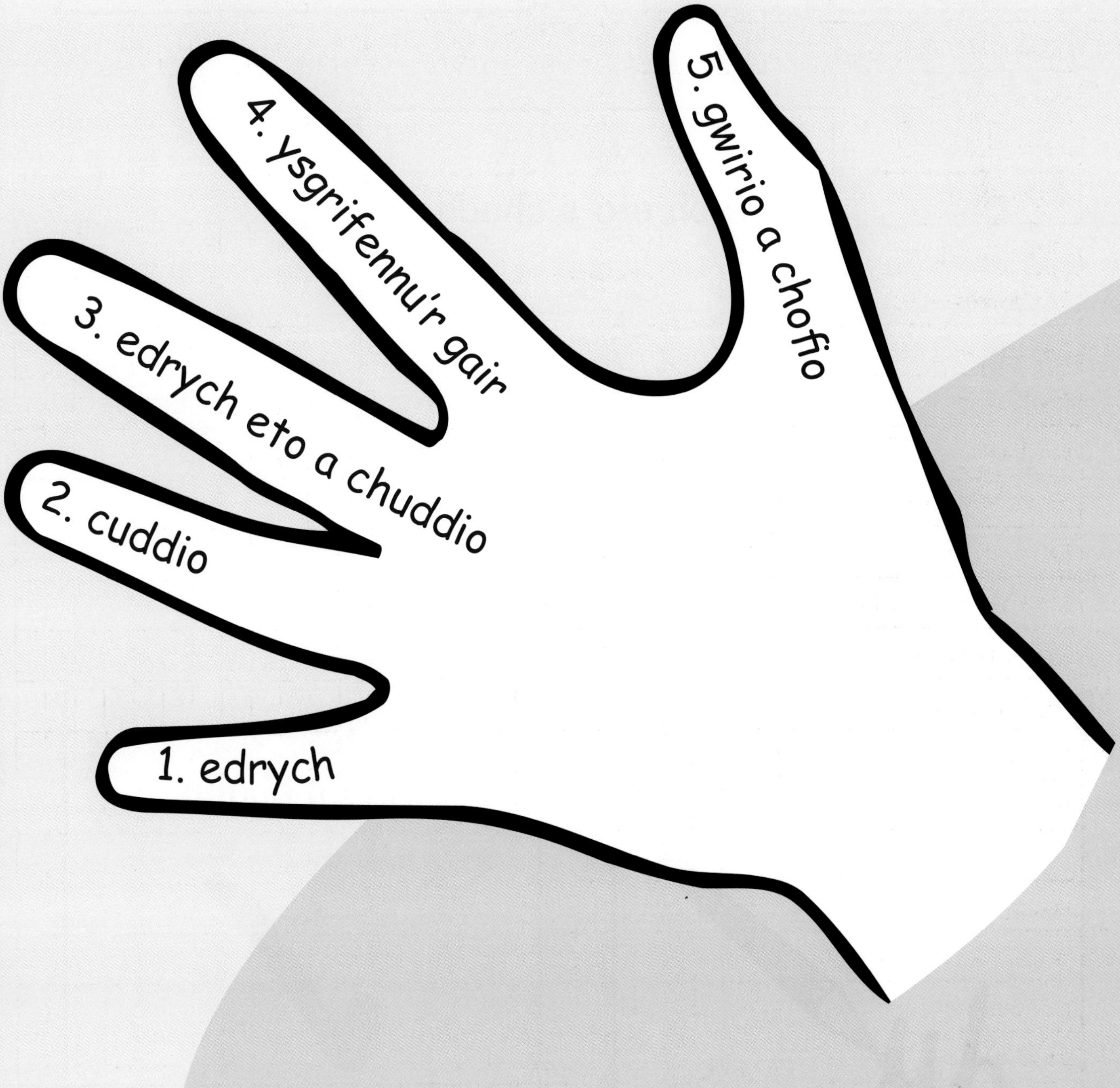

1. edrych
2. cuddio
3. edrych eto a chuddio
4. ysgrifennu'r gair
5. gwirio a chofio

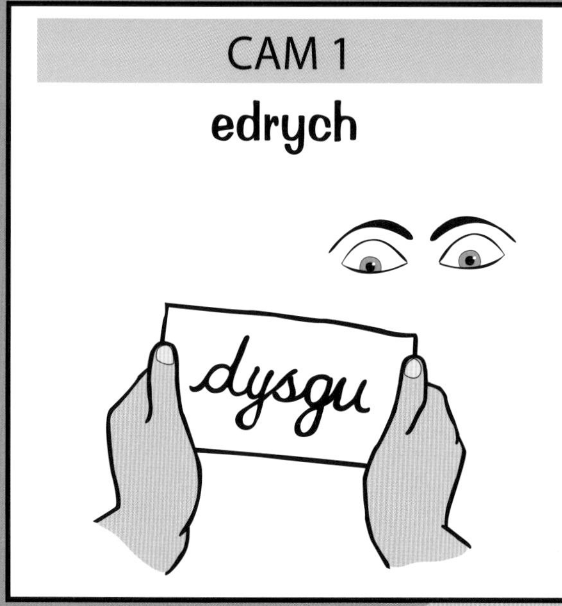
CAM 1
edrych
dysgu

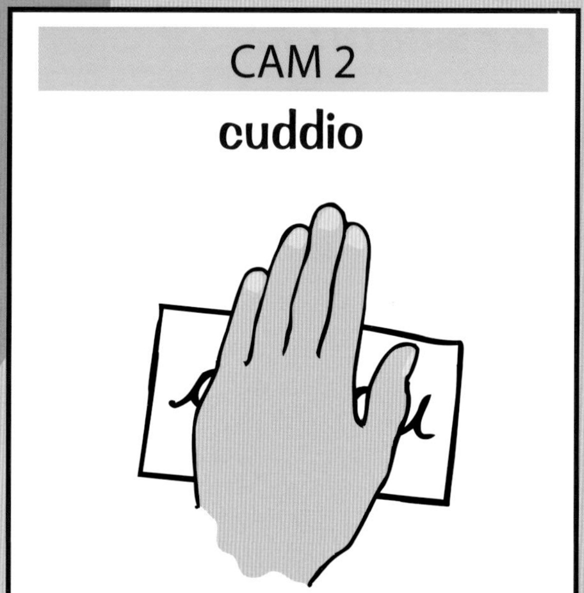
CAM 2
cuddio

CAM 3
edrych eto a chuddio
dysgu

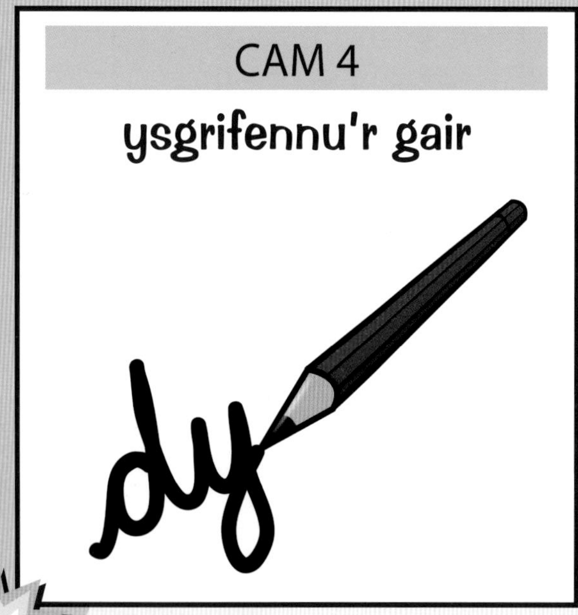
CAM 4
ysgrifennu'r gair
dy

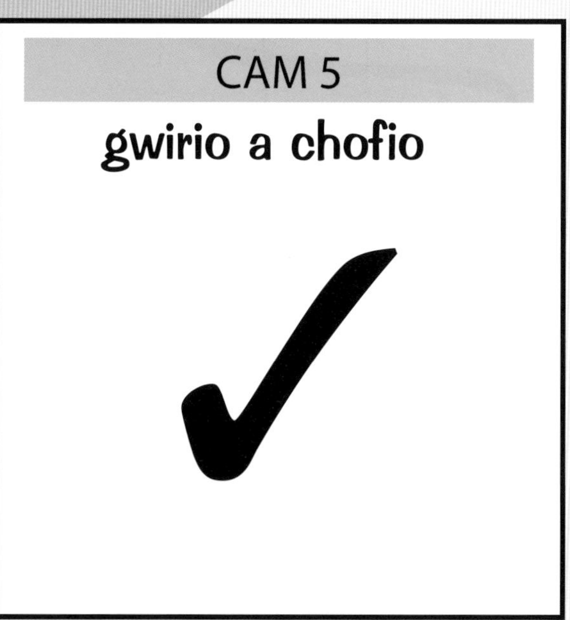
CAM 5
gwirio a chofio

Siŵr o'r sillafu? ...

Weithiau mae'n haws cofio siâp gair.
Edrychwch ar y geiriau hyn.

mynd ✓
iawn
fy
byw

gyda
eisiau
dweud
yfory

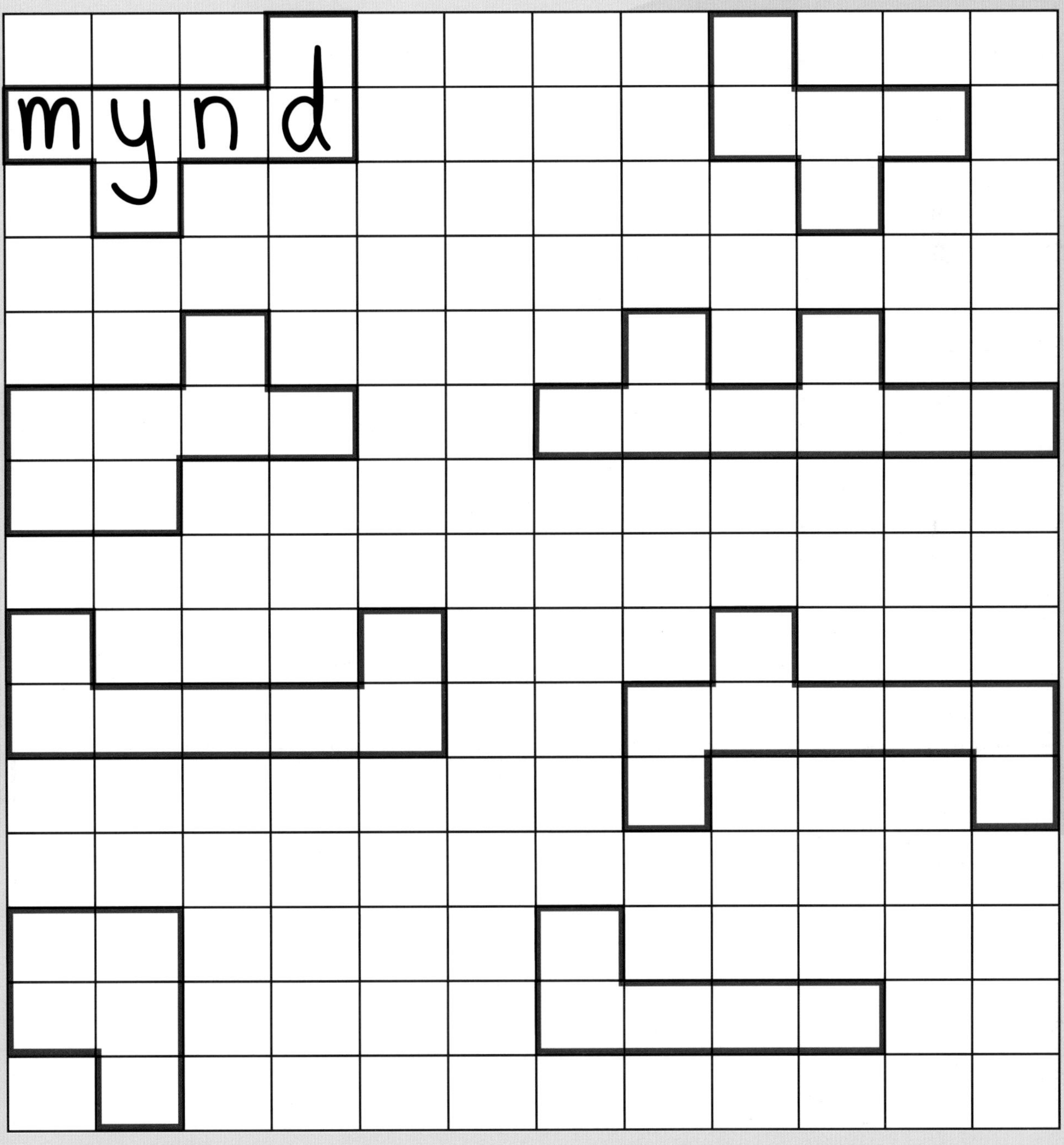

Ydych chi'n ei gweld hi'n haws i gofio siâp gair?

Geiriau Allweddol

Ydych chi'n siŵr eich bod chi'n gallu sillafu'r geiriau hyn yn gywir?
Maen nhw'n eiriau yr ydyn ni'n eu hysgrifennu'n aml iawn.

Rydyn ni'n eu galw nhw'n eiriau allweddol.

aeth	fi	roedd
ambell	fy	rydw
arall	fyny	rhai
aros	gallu	rhaid
blwyddyn	gwneud	rhoi
bod	gyda	rhywun
bydd	heddiw	symud
byw	hefyd	tŷ
cael	hoffi	wedi
cymryd	iawn	wedyn
daeth	llawer	weithiau
diwrnod	mae	wythnos
dod	mis	ydw
dweud	mwy	yfory
dydd	mynd	yma
dyma	oedd	yn
dyn	oes	yna
ddoe	oherwydd	
eisiau	ond	
fel	pethau	

Dyddiau'r Wythnos

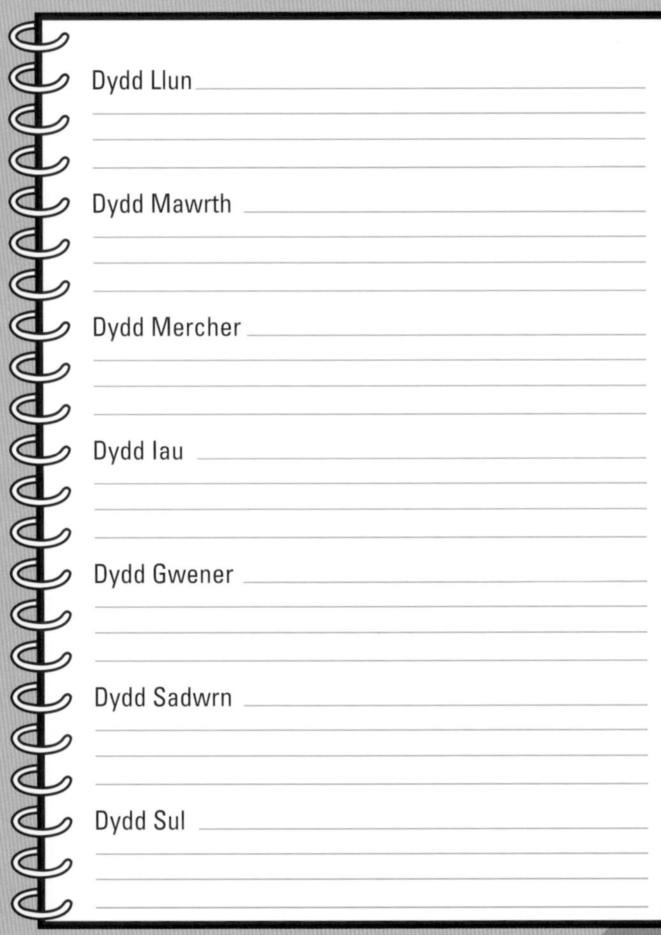

Pryd mae'r rhain?

echdoe
ddoe
heddiw
yfory
trannoeth
tradwy

Misoedd y Flwyddyn

Ionawr

S	Ll	M	M	I	G	Sa
	1	2	3	4	5	6
7	8	9	10	11	12	13
14	15	16	17	18	19	20
21	22	23	24	25	26	27
28	29	30	31			

Chwefror

S	Ll	M	M	I	G	Sa
				1	2	3
4	5	6	7	8	9	10
11	12	13	14	15	16	17
18	19	20	21	22	23	24
25	26	27	28			

Mawrth

S	Ll	M	M	I	G	Sa
				1	2	3
4	5	6	7	8	9	10
11	12	13	14	15	16	17
18	19	20	21	22	23	24
25	26	27	28	29	30	31

Ebrill

S	Ll	M	M	I	G	Sa
	1	2	3	4	5	6
7	8	9	10	11	12	13
14	15	16	17	18	19	20
21	22	23	24	25	26	27
28	29	30				

Mai

S	Ll	M	M	I	G	Sa
		1	2	3	4	5
6	7	8	9	10	11	12
13	14	15	16	17	18	19
20	21	22	23	24	25	26
27	28	29	30	31		

Mehefin

S	Ll	M	M	I	G	Sa
					1	2
3	4	5	6	7	8	9
10	11	12	13	14	15	16
17	18	19	20	21	22	23
24	25	26	27	28	29	30

Gorffennaf

S	Ll	M	M	I	G	Sa
1	2	3	4	5	6	7
8	9	10	11	12	13	14
15	16	17	18	19	20	21
22	23	24	25	26	27	28
29	30	31				

Awst

S	Ll	M	M	I	G	Sa
			1	2	3	4
5	6	7	8	9	10	11
12	13	14	15	16	17	18
19	20	21	22	23	24	25
26	27	28	29	30	31	

Medi

S	Ll	M	M	I	G	Sa
						1
2	3	4	5	6	7	8
9	10	11	12	13	14	15
16	17	18	19	20	21	22
23	24	25	26	27	28	29
30						

Hydref

S	Ll	M	M	I	G	Sa
	1	2	3	4	5	6
7	8	9	10	11	12	13
14	15	16	17	18	19	20
21	22	23	24	25	26	27
28	29	30	31			

Tachwedd

S	Ll	M	M	I	G	Sa
				1	2	3
4	5	6	7	8	9	10
11	12	13	14	15	16	17
18	19	20	21	22	23	24
25	26	27	28	29	30	

Rhagfyr

S	Ll	M	M	I	G	Sa
						1
2	3	4	5	6	7	8
9	10	11	12	13	14	15
16	17	18	19	20	21	22
23	24	25	26	27	28	29
30	31					

Blwyddyn gron

Tymor y Gwanwyn
Tymor yr Haf
Tymor yr Hydref
Tymor y Gaeaf

Yr Wyddor

a, b, c, ch, d, dd, e
f, ff, g ,ng, h, i, j
l, ll, m, n, o, p, ph
r, rh, s, t *yna* th,
u, w, *ac* y

Ydych chi'n gallu canu'r wyddor ar dôn arbennig?

Deall y gair?

Beth ydw i'n ei wneud os nad ydw i'n deall beth yw ystyr gair?

Roedd Sam yn hoffi mathemateg yn fawr ac roedd e'n fachgen deallus iawn.	Darllen y gair o fewn y frawddeg. Oes cliwiau fydd yn helpu?
deall / us	Rhannwch y gair. Ydych chi'n deall un rhan o'r gair? Ydy e'n debyg i air arall?
Ffoniwch Ffrind!	Oes rhywun arall yn gwybod beth yw ystyr y gair? Beth am ofyn i rywun ar eich bwrdd?
	Mae'r Geiriadur yn ffrind da hefyd. Beth am edrych yn y fan honno?
Os ydych chi wedi gwneud y rhain i gyd, gofynnwch i'ch athro/athrawes.	Paid â bod ofn gofyn. Fel hyn rydyn ni'n dysgu.

Beth yw … enw?

enw

Enw yw'r term ar unrhyw beth yr ydych chi'n medru ei gyffwrdd

blodyn

cadair

car

coeden

cyfrifiadur

desg

heol

llyfr

oriawr

pêl

teledu

Rydyn ni hefyd yn defnyddio'r term 'enw' ar y geiriau sydd yn perthyn i'r grwpiau hyn:

planedau, mynyddoedd ac afonydd
planed Sadwrn
yr Wyddfa
afon Hafren

llefydd a gwledydd
Llanwnnen
Ceredigion
Cymru
Ewrop

dyddiau'r wythnos a misoedd y flwyddyn
dydd Mawrth
mis Awst

Beth yw ... ansoddair?

ansoddair

Ansoddair yw'r term am air sydd yn **disgrifio rhywbeth**

	eliffant **llwyd**, **anferth**
	enfys **lliwgar**, **amryliw**
	môr **tawel** a **llonydd**
	tractor **coch**, **newydd** a **defnyddiol**
	haul **cynnes**, **sgleiniog**

Ydych chi'n medru meddwl am ansoddeiriau i ddisgrifio'r pethau hyn?

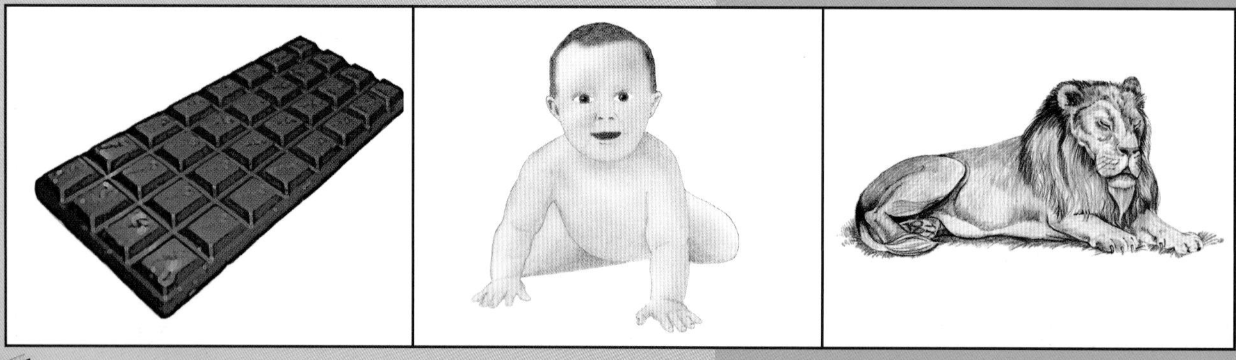

Beth yw ....
berfenw?

berfenw

Berfenw yw'r term am air sydd yn **gwneud rhywbeth**

	cicio
	gwibio
	bwyta
	chwarae
	cysgu

Beth yw ... berf?

berf

Berf yw'r term am air sydd yn gwneud rhywbeth

Mae berf yn dweud wrthon ni PWY sydd yn gwneud rhywbeth

Mae berf yn dweud wrthon ni PRYD mae'n digwydd

	**Ciciodd** Twm y bêl yn y gêm bêl-droed ddydd Sadwrn.
	**Gwibiodd** yr awyren drwy'r awyr las ar ei ffordd i Sbaen.
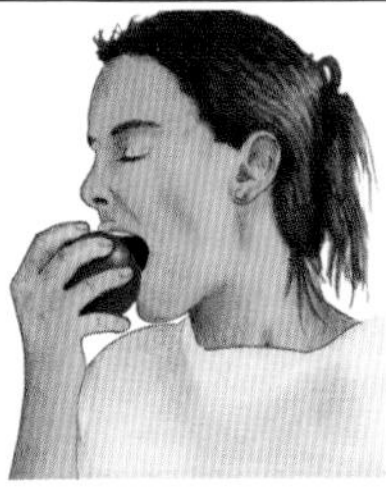	**Bwytais** i yr afal iachus amser cinio.
	**Chwaraeon** ni gêm o rownderi amser chwarae ddoe.
	**Cysgodd** y gath drwy'r dydd gan chwyrnu'n uchel!

Mwy am ferfau ...

Mae'r berfau hyn yn rhai pwysig iawn.
Maen nhw'n allweddol i'ch gwaith.

	Rydw i		Rydyn ni
	Rwyt ti		Rydych chi
	Mae e Mae hi		Maen nhw

	Roeddwn i		Roedden ni
	Roeddet ti		Roeddech chi
	Roedd e Roedd hi		Roedden nhw

	Es i		Aethon ni
	Est ti		Aethoch chi
	Aeth e Aeth hi		Aethon nhw

	Rhed**ais** i		Rhed**on** ni
	Rhed**aist** ti		Rhed**och** chi
	Rhed**odd** e Rhed**odd** hi		Rhed**on** nhw

Mwy am ferfau ...

Mae'n rhaid i ni gofio bod digon o ferfau i'w cael.
Does dim rhaid i ni ddefnyddio'r un berfau drwy'r amser.

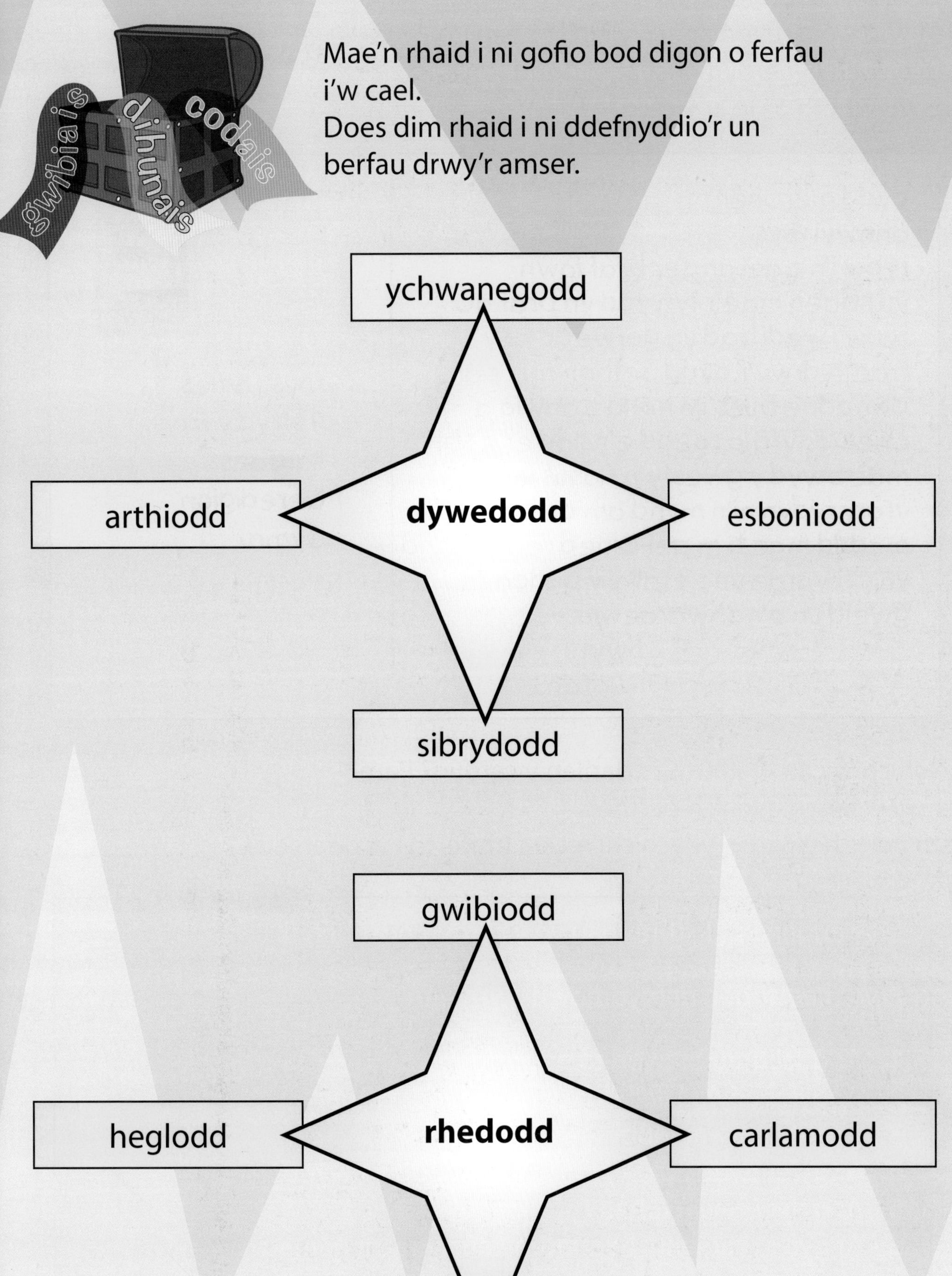

Cerdyn Post

Mae Ifan wedi mynd ar ei wyliau i Sbaen.
Darllenwch ei gerdyn post at ei ffrind Rhys.
Oes rhywbeth o'i le ar y cerdyn?

dydd mercher
annwyl rhys
rydw i'n cael amser braf iawn
yn sbaen mae'r tywydd yn braf ac
rydw i wedi bod yn gorwedd ar y
traeth drwy'r dydd aethon ni i'r parc
dŵr ddoe bues i'n nofio canwio a
cheisio syrffio roedd e'n llawer o sbri
mae bwyd y gwesty'n flasus iawn
yfory rydyn ni'n mynd am dro i dref
madrid mae tî m pêl-droed real madrid
yn chwarae yno efallai y bydda i'n
gweld un o'r chwaraewyr

hwyl
ifan

rhys james
9 stryd y fro
llanfaes
ceredigion
cymru

Ydych chi'n cael trafferth i ddarllen y cerdyn? Pam?
Trafodwch hyn gyda'ch partner.
Beth yw'r rheswm yr ydych chi'n cael trafferth i'w ddarllen?

Mae angen Prif Lythrennau yn y cerdyn post hefyd.

Pryd mae angen defnyddio Prif Lythyren?

1. Ar ddechrau brawddeg newydd
2. Ar gyfer enwau llefydd e.e gwledydd a threfi
3. Ar gyfer enwau pobl
4. Ar gyfer dyddiau'r wythnos a misoedd y flwyddyn
5. Ar gyfer enwau timau
6. Ar gyfer rhaglenni teledu, enwau llyfrau a gêmau

Oes mwy?

Ail ysgrifennwch y cerdyn post gan gofio defnyddio:

- Prif Lythyren
- Atalnod llawn ar ddiwedd brawddeg
- Atalnod er mwyn rhannu brawddeg

Rydyn ni'n defnyddio atalnod (,) er mwyn :

- Rhannu brawddeg
- Rhannu pethau sydd mewn rhestr

Es i am dro i'r dre ddoe, doeddwn i ddim eisiau prynu dim byd.

Es i am dro i'r dre ddoe a phrynais lyfr, cylchgrawn, beiro a siocled.

Mae'r atalnod llawn (.) a'r Prif Lythyren (P) yn rhan o deulu pwysig iawn.

atalnod llawn **(.)**

Prif Lythyren **(P)**

atalnod
(,)

gofynnod
(?)

ebychnod
(!)

dyfynodau
(" helô")

Sain Ffagan

Dewch i Amgueddfa Werin Cymru yn Sain Ffagan

- 100 erw o dir
- 40 o adeiladau o bob rhan o Gymru
- crefftwyr wrth eu gwaith

Rydym ar agor i'r cyhoedd rhwng 10.00 y bore a 5.00 y prynhawn trwy gydol y flwyddyn heblaw dydd Nadolig. Mae'r Amgueddfa ar agor bob dydd Llun Gŵyl Banc. Nid oes tâl mynediad i Sain Ffagan.

Dewch i grwydro'r safle a gweld hen adeiladau o bob cwr o Gymru. Mae parc i'r plant a digon o weithgareddau megis crochenwaith. Byddwch yn gallu cael rhywbeth i'w fwyta mewn nifer o lefydd yma, megis y popty neu gaffi Gwalia. Gallwch hefyd brynu nwyddau traddodiadol mewn nifer o siopau yma, er enghraifft, bara wedi ei grasu yn yr hen ffordd neu waith coed.

Mae Sain Ffagan yn safle addas ar gyfer cadeiriau olwyn ac mae toiledau i'r anabl mewn dau le ar y safle. Mae mannau parcio i'r anabl yn y brif fynedfa.

Mae Sain Ffagan 4 milltir i'r gorllewin o Ganol y Ddinas, Caerdydd. Mae arwyddion o gyffordd 33 traffordd yr M4 a digonedd o le i barcio am ddim. Mae bysiau'n rhedeg i Sain Ffagan trwy'r flwyddyn y tu allan i orsaf drenau Caerdydd. Mae bws rhif 32 yn rhedeg o leiaf bob awr. Dewis arall yw dal bws rhif 56 gyferbyn â Chastell Caerdydd.

Dyma un o amgueddfeydd awyr agored pwysicaf Ewrop – dewch i weld drosoch chi eich hun!

Grwpiau Trafod

1. Faint mae'n gostio i ymweld â Sain Ffagan?
2. Ydych chi'n medru prynu cinio yn Sain Ffagan?
3. Ydy Sain Ffagan yn addas ar gyfer pobl anabl?
   Rhowch ddau reswm.
4. Sut mae cyrraedd Sain Ffagan ar fws?
5. Ydych chi'n gallu ymweld â Sain Ffagan ar ddydd Sul?
6. Pryd mae Sain Ffagan ar gau?

Edrychwch ar dri phwynt bwled cyntaf y daflen.
Trowch y tri phwynt yma yn frawddegau llawn.

Er enghraifft:

- parc i'r plant

Yn Amgueddfa Sain Ffagan mae parc i'r plant.

Ydych chi'n gwybod ystyr y geiriau hyn?
Edrychwch yn y Geiriadur os nad ydych chi'n siŵr.
Rhowch bob gair mewn brawddeg.

nwyddau

safle

cyffordd

cyhoeddus

Darllenwch y daflen wybodaeth eto.
Dewch o hyd i'r wybodaeth sydd fwyaf pwysig yn eich barn chi.
Ysgrifennwch baragraff am Sain Ffagan gan ddefnyddio'r wybodaeth hyn.
Ceisiwch amrywio'r ffordd yr ydych yn dechrau pob brawddeg.
Ceisiwch beidio â dechrau pob brawddeg gyda 'Mae'.

Dyma rai ffyrdd y gallwch chi ddechrau'ch brawddegau:

Gallwch ...

Dylech ...

Cewch gyfle i ...

Yno mae ...

Rhaid i chi ...

Un peth arall yw'r ...

Ail ddarllenwch eich paragraff eto.
Ydych chi wedi gweud y pethau hyn?

Ydw i wedi ...?	**✔ neu ✖**
Dechrau pob brawddeg gyda Prif Lythyren.	
Rhoi Prif Lythyren i enw dyddiad a mis.	
Rhoi Prif Lythyren i enw lle.	
Rhoi . ar ddiwedd pob brawddeg.	
Rhoi , yn y frawddeg os oes angen.	
Defnyddio Geiriadur i chwilio am eiriau Cymraeg.	
Gwneud yn siŵr bod pob gair wedi'i sillafu'n gywir.	
Ail ddarllen y gwaith i weld ei fod yn gwneud synnwyr.	
Gwneud fy ngorau glas.	

Oeddech chi wedi gwneud y rhain i gyd?
Ewch ati i ail ddrafftio os oes angen.

Y ci a'r asgwrn

(**Chwa o Chwedlau Aesop**, addas. *Myrddin ap Dafydd*, Gwasg Carreg Gwalch)

Y CI A'R ASGWRN

Amser
maith
yn
ôl
roedd
ci
barus bachog eisiau popeth iddo'i hun.
Cafodd
o
hyd
i
asgwrn
oedd
yn goch ac yn gigog ac i'r dim.
"FI," meddai'r ci.
"FI PIAU HWN!"
Cododd yr asgwrn yn ei ddannedd cryf cas ac i ffwrdd ag ef.

Rhedodd
a rhedodd
a rhedodd dros bont
ac arhosodd.

O dan y bont, llifai nant.
Nant glir lân.
Awyr las yn y nant,
Cymylau gwyn yn y nant.

Edrychodd y ci i'r dŵr.
Beth welodd yno?
Ci welodd y ci.
Ci gydag asgwrn welodd y ci.
Yn goch ac yn gigog ac i'r dim.
"GRRRRRRRRRRRRRRRRRRRRRRRR
RRRRRRRR!"
meddai'r ci.
"FI PIAU HWN!"
A chwyrnodd ar y ci.
"GRRRRRRRRRRRRRRRRRRRRRRRRR
RRRRRRR!"
Cynigiodd frathiad i'r ci.
Aeth amdano. SNAP! SBLASH!
Dim asgwrn.

Gair i gall:
Bydd yn fodlon ar yr hyn sydd gen ti.

Chwedl
stori sydd yn perthyn i le arbennig neu sydd yn ceisio rhoi neges

Grwpiau Trafod

1. Yn eich barn chi, pa fath o gi oedd y ci yn y chwedl?

2. Beth ddigwyddodd i'r ci wedi iddo ddod o hyd i'r asgwrn?
3. Beth ydych chi'n credu sydd yn digwydd ar ddiwedd y chwedl?
4. Beth ydych chi'n credu yw'r *Gair i gall* sydd ar ddiwedd y chwedl? Beth y mae'r *Gair i gall* hyn yn ei olygu?
5. Ydych chi'n medru meddwl am stori neu chwedl arall sydd yn ceisio rhoi neges i ni?
   Rhannwch y stori neu chwedl gyda gweddill y grŵp.

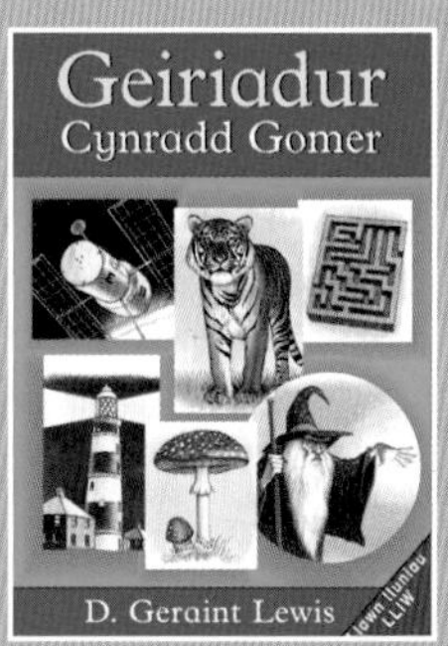

Gwaith Geirfa

Ydych chi'n siŵr eich bod yn gwybod ystyr y geiriau hyn?

barus	bachog	cigog	brathiad

Trafodwch eu hystyr gyda'ch partner.
Ydych chi'n gallu rhoi'r geiriau mewn brawddegau sy'n gwneud synnwyr?
Meddyliwch am frawddeg yr un i bob gair.

Mae'r darn 'Y Ci a'r Asgwrn' yn cynnwys ebychnodau.

Gyda'ch partner:

- Dewch o hyd i'r ebychnodau sydd yn y darn.
- Sawl ebychnod sydd yna?
- Trafodwch pam y mae'r ebychnod yn cael ei ddefnyddio.
- Ceisiwch greu rheol i egluro i weddill y dosbarth pam y mae ebychnod yn cael ei ddefnyddio.

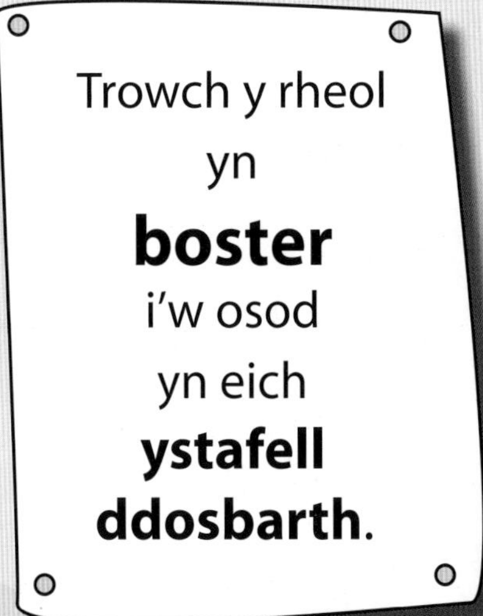

Mae'r darn 'Y Ci a'r Asgwrn' hefyd yn cynnwys gofynnod.

- Ble'r mae'r gofynnod yn y darn?
- Ydych chi'n cofio beth yw gofynnod?
- Ydych chi'n cofio pryd mae denfyddio gofynnod?

Edrychwch ar y brawddegau sydd yn y blwch.

Penderfynwch a oes eisiau

- ebychnod
- gofynnod

yn y brawddegau hyn.

1. Ble wyt ti wedi bod
2. Mae'r lle yma fel twlc mochyn
3. Pwy dorrodd y ffenestr
4. Wyt ti eisiau llyfr newydd
5. Paid â rhedeg fel dyn gwyllt
6. Pam wyt ti'n hwyr
7. Rwyt ti'n wych
8. Ddest ti'n gyntaf

Paid!

Paid!

Paid â chwarae efo dy ffidil
Paid â ffidlan efo dy fysedd
Paid â byseddu dy gyllell a fforc
Paid â fforcio'r bwrdd
Paid â byrddio'r cwch heb siaced achub
Paid ag achub dy gam a thithau ar fai
Paid â beio neb ond ti dy hun
Paid â dihuno cyn brecwast
Paid â brecwasta o hyd ar Grynshi-pops
Paid â popio dy ben lle na ddyla fo ddim bod
Paid â bod yn greulon wrth chwarae
Paid â chwarae efo dy ffidil
Paid â ffidlan
PAID!

20

Gallwch ddarllen mwy o gerddi gan Myrddin ap Dafydd yn y gyfrol **'Y llew go lew'**, Gwasg Carreg Gwalch.

Grwpiau Trafod

1. Beth yw enw'r bardd?
2. Pwy ydych chi'n credu sydd yn dweud y gair 'paid'? Pam ydych chi'n credu hyn?
3. Nodwch bump peth dydy'r plentyn yn y gerdd ddim fod i'w wneud.
4. Nodwch dri pheth y mae rhywun yn dweud wrthoch chi am beidio eu gwneud.
5. Sut ydych chi'n teimlo pan mae rhywun yn dweud 'paid' wrthoch chi?
6. Ysgrifennwch restr i oedolyn yn nodi pethau dydych chi ddim eisiau iddyn nhw eu gwneud.
   Dylai pob brawddeg ddechrau gyda 'Peidiwch â'

Edrychwch ar y geiriau hyn:

paid **cae** **llefain** **traeth**

aeth **gwraig** **defaid** **naid**

iaith **gadael** **cael** **taith**

draig **chwarae** **chwaer** **Cymraeg**

rhaid **daeth** **rhain** **traed**

Rhowch y geiriau mewn dwy golofn.
Geiriau sydd ag 'ae' ynddynt a geiriau sydd ag 'ai' ynddynt.

Geiriau '**ae**'	Geiriau '**ai**'

Ydych chi'n cofio'r geiriau sydd ag 'ae' ynddynt a'r geiriau sydd ag 'ai' ynddynt?

Rhowch y llythrennau cywir yn y bylchau ...

1. Rydw i'n hoffi mynd i'r tr___th yn yr haf.
2. Mae c___ yn llawn def___d tu ôl ein tŷ ni.
3. Rydw i'n c___l llawer o hwyl gyda fy chw___r.
4. 'P___d chwar___ yn y baw', meddai mam.
5. Roedd yn llef_____n am fod ei dr_____d yn brifo.
6. Roedd y wr___g wedi gad___l ei chot ar y bws.
7. Aeth y teulu ar d___th yn y car.
8. Rh___d gwrando yn y wers Gymr___g bob tro!

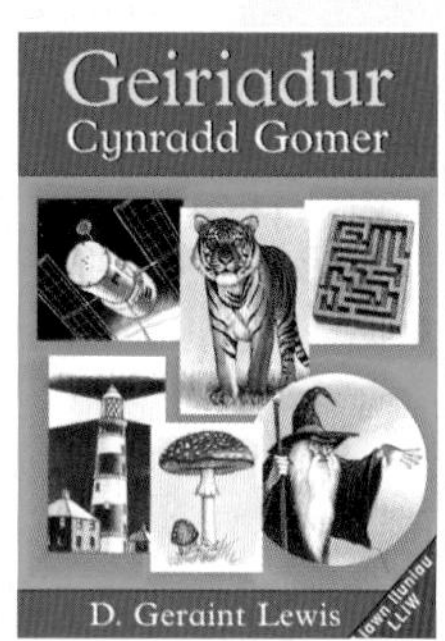

Gwaith Geirfa

Mae'r geiriau hyn yn y gerdd.

bysedddu

brecwasta

achub cam

Beth ydych chi'n credu yw ystyr y geiriau hyn?

Ysgrifennwch frawddeg yr un yn cynnwys y geiriau hyn.

Beth allaf ei wneud os nad ydw i'n deall y gair?

1. Deall rhan o'r gair
   bysedddu = bysedd
2. Deall y gair ar ôl ei ddarllen o fewn y frawddeg eto
3. Edrych yn y Geiriadur
4. Gofyn i berson arall yn fy ngrŵp
5. Gofyn i'r athro/athrawes

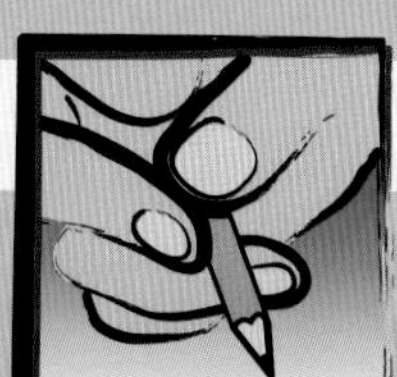

Ysgrifennu Sgript

Ysgrifennwch sgript rhwng rhiant a phlentyn.
Mae'r plentyn wedi torri rheol.
Mae'r rhiant yn flin!

Beth sydd wedi digwydd?
Pa reol y mae'r plentyn wedi'i thorri?

Beth yw'r rheol?

- Sut mae'r rheol wedi ei thorri? Beth ddigwyddodd?
- Beth yw ymateb y rhiant?
- Beth yw canlyniad torri'r rheol?
- Beth yw ymateb y plentyn? Beth sydd yn mynd i ddigwydd nawr?

2 Meddwl a chynllunio

Beth maen nhw'n ei ddweud wrth ei gilydd?

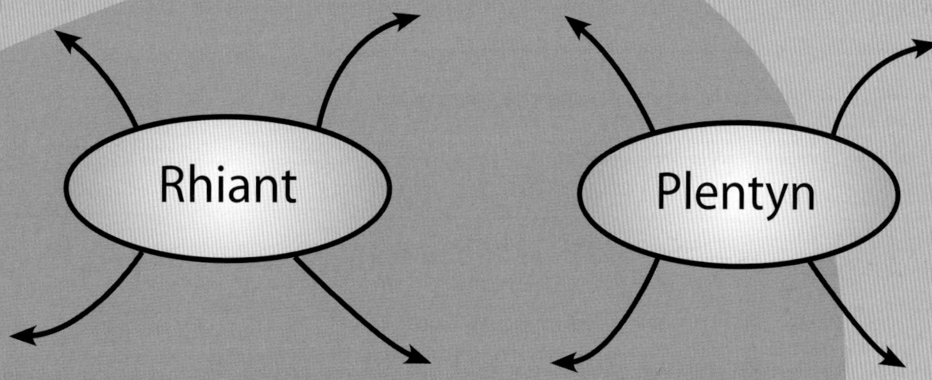

3 Meddwl a chynllunio

Sut mae'r plentyn a'r rhiant yn teimlo'n ystod y sgript?

Rhiant	Plentyn

Ffurf y sgript

Wrth ysgrifennu sgript mae'n rhaid i ni gofio'r pethau hyn:

- enwau'r bobl sydd yn siarad yn cael eu gosod ar ochr y dudalen
- does dim angen dyfynodau mewn sgript
- gallwn roi sut mae'r person yn teimlo mewn cromfachau cyn iddyn nhw ddechrau siarad, er enghraifft:

Megan *(yn ddagreuol)*:	Doeddwn i ddim wedi meddwl ei dorri.
Dad *(yn flin)*:	Wel, mae'n rhy hwyr nawr!

- Cofiwch ddefnyddio gofynnod ac ebychnod wrth ysgrifennu.
- Cofiwch mai bwriad sgript yw ei pherfformio.
  Ceisiwch felly ddefnyddio iaith y mae pobl yn ei siarad.

Wel ar fy ngwir!

Dw i wedi cael llond bol!

Dw i ddim wedi clywed y ffasiwn beth yn fy myw!

Mawredd mawr!

Ewch ati i ysgrifennu'r sgript.
Gyda phartner, mae eisiau i chi ymarfer perfformio eich sgriptiau.

Pa sgriptiau oedd orau?
Beth oedd yn eu gwneud nhw'n sgriptiau da?

Ffrindiau

Ffrindiau

Mae gen i ffrindiau
Pob maint a phob oed,
I chwarae pêl-droed
A chuddio'n y coed.

Mae gen i ffrindiau
O'r wlad ac o'r dre,
Mae gen i ffrindiau
O'r gogledd a'r de.

I redeg ras
Dan awyr las,
Neu chwerthin hapus
A chreu pethau campus.

Ond ffrindiau hefyd
Yw'r plant ar y sgrin,
Sy'n edrych yn drist
Ar y dyn tynnu llun.

Yr holl ffrindiau sydd gen i
Ar draws yr holl fyd,

Mi rydw i'n eu caru nhw i gyd.

Cai Niclas Wyn
Ysgol y Garnedd
(Cyfansoddiadau'r Urdd 2001)

Grwpiau Trafod

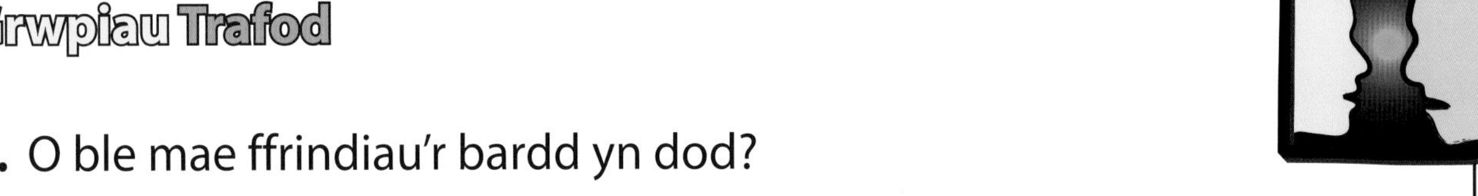

1. O ble mae ffrindiau'r bardd yn dod?
2. Beth mae'r bardd yn hoffi gwneud gyda'i ffrindiau?
   Gallwch chwilio am yr atebion yn y pennill cyntaf ac yn y trydydd pennill.
3. Mae gan y bardd ffrindiau nad ydy e wedi eu cyfarfod o'r blaen.
   Pwy yw'r ffrindiau hyn?
4. Pam ydych chi'n credu bod y ffrindiau hyn yn edrych yn drist?
5. Yn eich barn chi, pa fath o berson yw'r bardd?
   Pam ydych chi'n dweud hyn?

Trowch y brawddegau hyn i'r negyddol:

Mae'r dref yn brysur.	Dydy'r dref ddim yn brysur.
Mae'r athro'n hapus.	
Mae hi'n bwrw glaw.	
Mae'r dosbarth yn gweithio'n ddiwyd.	

Mae'r bardd yn defnyddio'r geiriau

'mae gen i'

yn y gerdd yn aml.

Edrychwch ar y patrwm hwn:

Mae gen i		Mae gennym ni	
Mae gennyt ti		Mae gennych chi	
Mae ganddo fe Mae gan Jac		Mae ganddyn nhw	
Mae ganddi hi Mae gan Nia			
Mae gan bawb			

Does gan rai pobl ddim cymaint â ni.

does ganddyn nhw ddim

Does gen i ddim		Does gennym ni ddim	
Does gennyt ti ddim		Does gennych chi ddim	
Does ganddo fe ddim Does gan Jac ddim		Does ganddyn nhw ddim	
Does ganddi hi ddim Does gan Nia ddim			
Does gan bawb ddim			

Ysgrifennwch frawddeg am bob llun:

e.e. *Mae ganddi hi fag*		

Stiwpendo Fach

Mewn stadiwn enfawr, rhywle ar y Ddaear, roedd y Stiwpendo Mawr ar fin perfformio'i stỳnt ddiweddaraf.

Distawodd y dorf. Refiodd y Stiwpendo Mawr ei feic yn barod i fynd.

Gwibiodd i lawr y trac fel bwled.

Tasgodd i fyny'r ramp fel tân gwyllt.

Hedfanodd i'r awyr fel awyren jet.

Hwyliodd yn uchel dros y cerbydau.

Yna CLEC!

Fe gwympodd yn glatsh i'r ddaear, gan fownsio oddi ar ei feic a rhwygo'i drowsus.

Gwaeddodd pawb hwrê yn uchel. Pawb, hynny ydy, ond merch fach y Stiwpendo Mawr, sef Stiwpendo Fach.
Ar ôl y sioe, aeth teulu'r Stiwpendos adref. Fel arfer, aeth y Stiwpendo Mawr i gael hoe fach. Aeth â'i feic modur gydag e, achos byddai bob amser yn mynd â'i feic modur gyda fe pan fyddai'n mynd i gysgu.

Pwdodd Stiwpendo Fach. Roedd hi eisiau beic modur hefyd a chael cysgu gyda fe. Yn wir, roedd hi'n ysu am wneud campau fel ei thad.

Gallwch ddarllen mwy am deulu'r Stiwpendos yn '**Stiwpendo Fach**' yng nghyfres '*Ar Wib*' Gomer

Grwpiau Trafod

1. Beth yw gwaith Stiwpendo Mawr?

2. Ydy e'n mynd yn gyflym?
Sut ydych chi'n gwybod hyn?

3. Beth sydd yn digwydd iddo ar ôl gwneud ei gamp?

4. Ydy'r Stiwpendo Mawr yn hoffi ei feic modur?
Sut ydych chi'n gwybod hyn?

5. Sut mae Stiwpendo Fach yn teimlo ar ddiwedd y darn hwn?

Edrychwch ar y frawddeg hon:

Gwibiodd i lawr y trac **fel** bwled.

CYF**FEL**YBIAETH yw dweud bod rhywbeth fel rhywbeth arall.

Ydych chi'n gallu gorffen y brawddegau hyn?

1. Mae'r haul yn boeth fel ________________.
2. Mae'r awyr yn las fel __________________.
3. Mae'r bobl yn swnllyd fel ________________.
4. Mae'r adeilad yn uchel fel _________________.
5. Mae'r aderyn yn canu fel ________________.

Gallwch droi un o'r **cyffelybiaethau** hyn yn **boster**

Edrychwch ar y geiriau hyn sydd yn y stori:

i fyny

yna

mynd

hefyd

Dysgwch sut i sillafu'r geiriau hyn. Defnyddiwch ddull

- **edrych**
- **cuddio**
- **edrych eto a chuddio**
- **ysgrifennu'r gair**
- **gwirio a chofio**

Edrychwch ar **dudalen 1** er mwyn eich atgoffa o'r dull hwn

Darllenwch y darn hwn.

Cyfrwch sawl **cyffelybiaeth** sydd yn y darn.

Roedd Harri wedi cael anrheg arbennig iawn ar ei ben-blwydd. Ci bach, yn annwyl fel tegan meddal. Roedd ei lygaid bach yn sgleinio fel sêr yn y nos dywyll, a'i glustiau yn gallu clywed pob sŵn pell ac agos. Byddai ei gynffon yn siglo yn ôl ac ymlaen fel melin wynt. Roedd Harri wrth ei fodd yn gafael ym mhawennau'r ci bach, roedd pawennau'r ci yn union fel melfed.

- Sawl cyffelybiaeth wnaethoch chi eu cyfrif?
- Pa un oedd eich hoff gyffelybiaeth?
  Pam?

Nawr, ail-ysgrifennwch y paragraff, gan newid y cyffelybiaethau i rai newydd.

Roedd Harri wedi cael anrheg arbennig iawn ar ei ben-blwydd. Ci bach yn annwyl fel ____________. Roedd ei lygaid bach yn sgleinio fel _____ __________ a'i glustiau yn gallu clywed pob sŵn pell ac agos. Byddai ei gynffon yn siglo yn ôl ac ymlaen fel ______________. Roedd Harri wrth ei fodd yn gafael ym mhawennau'r ci bach, roedd pawennau'r ci yn union fel __________.

Eich tro chi nawr!
Ysgrifennwch baragraff ar un o'r testunau hyn.

- arddangosfa awyrennau
- yr haul yn machlud

Cofiwch fod yn rhaid i chi ddefnyddio o leiaf **ddwy gyffelybiaeth** yn eich paragraff.

Amser Cinio

Amser Cinio

Dydw i ddim yn hoffi amser cinio oherwydd mae o'n difetha amser chwarae. Mae cinio bob amser yn barod pan fydda i allan ar gefn fy meic neu'n siglo i fyny ac i lawr ar y siglen neu ar ganol chwarae gêm FIFA 2004 ar Play Station 2 a bron â sgorio gôl 'run fath â Robert Earnshaw i Gymru.

I ginio, fy hoff fwyd i yw pitsa caws a thomato a sglodion ond dwi hefyd yn hoffi selsig, cawl coch efo bynsen fawr o fara, bysedd pysgod a chwstard Nain Glasfryn ond mae'n gas gen i bys melyn a ffa pob a dydw i ddim yn hoffi llysiau eraill chwaith, dim ond tatws a moron. Dwi'n casáu pys gwyrdd go iawn.

Bob amser cinio yn tŷ ni fi sy'n cael fy mwyd gyntaf gan Mam gan fy mod i'n araf fel malwen yn bwyta. Mae Siôn fy mrawd mawr yn sglaffio ei fwyd fel mochyn ac yn bwyta'n flêr er ei fod yn ddeuddeg oed ac mae o wedi gorffen cyn i Mam ddechrau yn aml iawn. Mae Llio fy chwaer yn wyth oed ac yn bwyta'n daclus ac yn gyflym ac yn ddistaw iawn ond mae mam yn siarad llawer ac yn dweud wrthym ni am fod yn ddistaw. Mae Siôn yn bwyta mwy na Mam.

Os byddwn ni yn gadael sbarion ar ein platiau, mi fydd Fflei, fy nghi bach i sydd yn un oed, yn bwyta'r sbarion. Mae hi yn bwyta ei chinio yn syth heb ddim lol ac yn llyfu'r ddesgil yn lân.

Does neb yn cael gadael y bwrdd cinio yn tŷ ni nes bod pawb wedi gorffen ac mae Siôn a Llio yn flin efo fi oherwydd fy mod i mor araf yn bwyta. Maen nhw'n methu deall sut fy mod i'n olaf yn gorffen bob tro a finnau wedi cael fy mwyd gyntaf. Weithiau mae'r ddau ohonyn nhw yn amseru faint mor araf ydw i yn bwyta a dydw i ddim yn hoffi hynny o gwbl.

Ond dydi o ddim bwys a dweud y gwir achos amser brecwast ydw i yn hoffi fwyaf. Cornfflêcs ydi'r bwyd gorau yn y byd a fi sy'n gorffen gyntaf bob tro er fy mod i'n cael llond dwy fowlen weithiau. Tasa Mam yn gadael i mi gael cornfflêcs i ginio bob dydd, mi faswn i yn eu llowcio nhw i gyd ac yn gorffen o flaen pawb. Dyna fyddai'r amser cinio gorau un.

Math Emyr
Cyfansoddiadau'r Urdd 2004

53

Grwpiau Trafod

1. Pam dydy Math Emyr ddim yn hoffi amser cinio?
2. Enwch ddau fath o fwyd y mae'r awdur yn eu hoffi, a dau fath o fwyd dydy'r awdur ddim yn eu hoffi.
3. Ysgrifennwch frawddeg yn sôn am sut y mae pob un o'r bobl hyn yn bwyta:
   - Math
   - Siôn
   - Llio
   - Mam
4. Pam y mae Siôn a Llio yn flin gyda Math amser cinio?
5. Beth fyddai'n gwneud Math yn hapus amser cinio?

Edrychwch ar y geiriau hyn:

tatws a moron **banana ac afal**

Rydyn ni'n defnyddio **ac** os ydy'r gair nesaf yn dechrau gydag un o'r **llafariaid**:

a, e, i, o, u, w, y

Rhowch **a** neu **ac** rhwng y geiriau hyn:

1.	pys	____	sglodion
2.	bara	____	sudd oren
3.	banana	____	oren
4.	bacwn	____	ŵy
5.	ffrwythau	____	iogwrt
6.	cyri	____	reis
7.	tatws	____	moron
8.	mefus	____	afal
9.	tost	____	uwd
10.	bacwn	____	ffa pob

Meddyliwch am un math o fwyd yn dechrau gyda'r llafariaid

a, e, i, o, u, w, y

a	e	i	o	u	w	y

Edrychwch ar y frawddeg hon.

Talwch sylw gofalus i'r geiriau sydd wedi eu tanlinellu.

Dw i wrth fy modd yn bwyta pob math o fwyd, dw i'n hoffi afalau'n enwedig.

Weithiau, mae'n haws cofio sut i sillafu gair wrth gofio siâp y gair.

f	y												

Rhowch **i** neu **u** neu **y** yn y geiriau hyn:
Mae'r geiriau i gyd yn dod o'r darn 'Amser Cinio' gan Math Emyr.

moch___n · cyfl__m · c__ · i fyn___ · t___

gora___ · p__sgod · gw__rdd · i g___d · da___

bw__ta · platia___ · llyf___ · d__na · d__dd

tacl__s · hynn___ · meth__ · weithia___ · mw__af

Dewisiwch 5 o'r geiriau hyn. Efallai eu bod nhw'n eiriau yr ydych chi'n cael trafferth eu sillafu. Ceisiwch eu rhoi nhw mewn grid siâp i weld a ydy hyn yn eich helpu wrth eu sillafu.

Ysgrifennu Disgrifiad

Ysgrifennwch ddisgrifiad o'ch bwrdd bwyd chi gartref neu yn yr ysgol.

1 Meddwl a chynllunio

Beth sydd yn digwydd yno?
Sut mae pobl yn ymddwyn yno?

Pwy sydd yno?

Beth ydych chi'n ei fwyta?

Sut mae pawb yn bwyta neu'n ymddwyn?

Beth mae pawb yn ei ddweud?

2 Meddwl a chynllunio

Defnyddiwch eich synhwyrau.
Beth yw'r pump synnwyr?

gweld	clywed	blasu	arogli	cyffwrdd

3 Meddwl a chynllunio

Meddyliwch am rai o'r bwydydd neu'r ffordd y mae rhai pobl yn bwyta.

Ydych chi'n gallu creu cyffelybiaethau er mwyn eu rhoi yn y darn , er enghraifft:

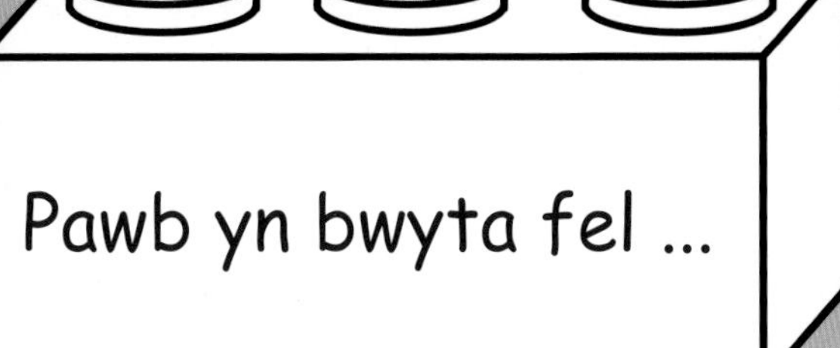

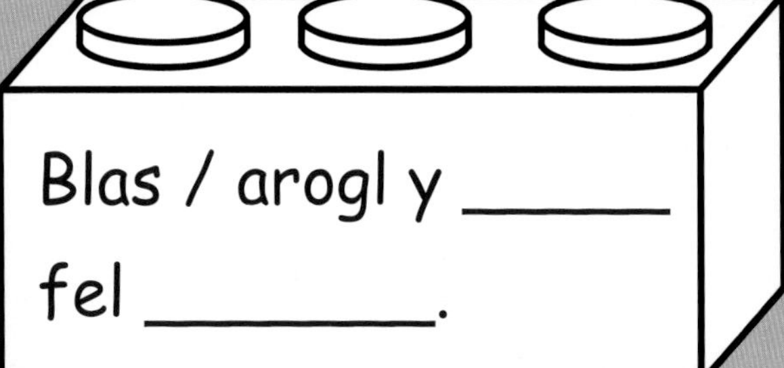

Ffurf y disgrifiad

Wrth ysgrifennu disgrifiad mae'n rhaid i ni gofio'r pethau hyn:

- bod angen dweud pwy sydd wrth y bwrdd
- bod angen dweud beth ydych chi'n ei fwyta.
  Gallwch ddefnyddio ansoddeiriau a chyffelybiaethau i ddisgrifio'r bwyd.
- bod angen dweud sut mae pawb yn ymddwyn
  - oes rhai'n dweud jôcs?
  - oes rhai'n flin?

Ffyrdd o ddechrau brawddegau

Edrychwch hefyd ar y ffordd mae Math Emyr wedi dechrau rhai o'i frawddegau ef yn y darn 'Amser Cinio'.

Bwrdd llawn sŵn yw'n bwrdd ni.	Yn aml iawn rydyn ni'n ...
Os bydd ____ mewn hwyliau da mae e'n ...	Wedi i ni orffen, yn ddi-ffael, mae'n rhaid i ni ...

I Fyny yn yr Awyr

(**I Fyny yn yr Awyr**, Huw John Hughes, cyfrol *Gyda'n Gilydd*, Cyngor Sir Ynys Môn)

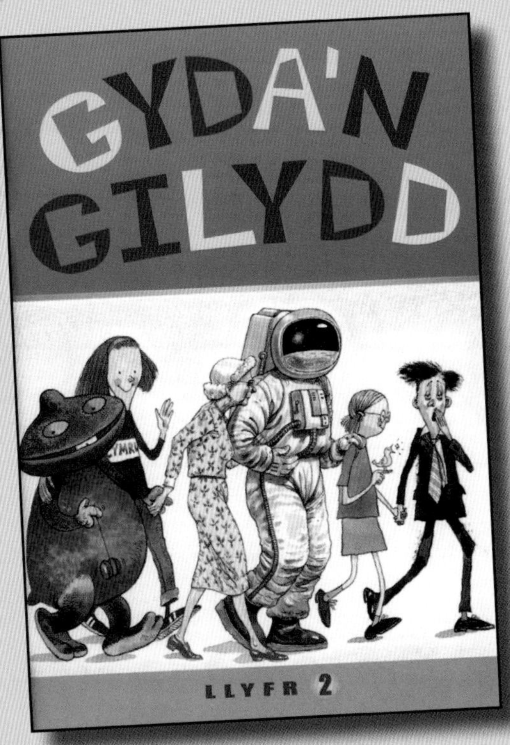

I FYNY YN YR AWYR

HUW JOHN HUGHES

Ydych chi wedi edrych i fyny i'r awyr ar ôl iddi dywyllu? Oes, mae yna sêr i'w gweld ymhob man. Hefyd fe ellwch chi weld y lleuad. Bydd y lleuad yn newid ei edrychiad. Weithiau bydd yn grwn fel pêl. Dro arall bydd yn hanner crwn. Ac o dro i dro fydd yna ddim golwg ar y lleuad. Pan fydd y lleuad yn berffaith grwn byddwn yn dweud fod y lleuad yn llawn. Pan fyddwn yn gweld darn bach o'r lleuad byddwn yn dweud ei bod yn lleuad newydd. Mae'r lleuad yn mynd o gwmpas y ddaear un waith y mis. Mae'n bosibl gweld y lleuad yn ystod y dydd, hefyd.

Mae'r sêr welwch chi yn yr awyr yn bell, bell i ffwrdd o'r ddaear. Y seren agosaf atom ni ydi'r haul. Mae'r haul, fel pob seren, yn rhoi gwres a goleuni. Mae rhai o'r sêr welwch chi yn llawer mwy na'r haul. Hefyd, maen nhw filiynau o filltiroedd i ffwrdd o'n daear ni. Os edrychwch chi'n fanwl fe welwch fod yna blanedau yn yr

56

awyr. Mae yna naw planed yn troelli o gwmpas ein haul ni. Un o'r planedau hyn ydi'r ddaear. Sut mae adnabod rhai o'r planedau hyn? Un ffordd syml iawn ydi hyn. Os ydi'r seren yn pefrio yna seren ydi hon. Os ydi'r seren ddim yn pefrio yna planed yw hi.

Mae rhai o'r planedau sy'n cylchdroi o gwmpas yr haul yn fawr. Y blaned fwyaf ydi'r blaned Iau. Y blaned leiaf ydi Plwto. Dyma'r blaned bellaf o'r haul. Mercher ydi'r blaned agosaf at yr haul. Mae gan y blaned Sadwrn gylchoedd o'i chwmpas. Mae pob un o'r planedau yn dilyn llwybr neu orbid arbennig o gwmpas yr haul. Felly does yna ddim modd i'r planedau daro yn erbyn ei gilydd.

57

Grwpiau Trafod

1. Mae'r darn yn dweud bod y lleuad yn newid ei edrychiad. Soniwch am sut y mae'r lleuad yn newid.
2. Beth ydych chi'n ei ddysgu am y sêr yn y darn hwn?
3. Beth ydych chi'n ei ddysgu am y planedau gwahanol yn y darn hwn?
4. Ydy hi'n bosib i'r ddaear daro yn erbyn un o'r planedau hyn? Pam ydych chi'n credu hyn?

Edrychwch ar y planedau hyn:

- Oeddech chi'n gwybod enwau'r planedau hyn o'r blaen?
- Beth sydd yn ddiddorol am yr enwau yn y Gymraeg o'u cymharu â'r Saesneg?
- Pa enw ydych chi'n ei hoffi orau? Pam?

Edrychwch ar
y geiriau hyn:

Oes rhywbeth yn debyg rhwng y geiriau hyn i gyd?

Gyda phartner, meddyliwch am **bump** cwestiwn am Gysawd yr Haul i'w gofyn i bâr arall. Bydd rhaid defnyddio'r geiriau **nesaf**, **agosaf**, **pellaf**, **lleiaf** a **mwyaf** yn y cwestiwn.
Er enghraifft:
Pa blaned sydd nesaf at yr haul?

Efallai y byddai'r geiriau hyn yn ddefnyddiol hefyd:

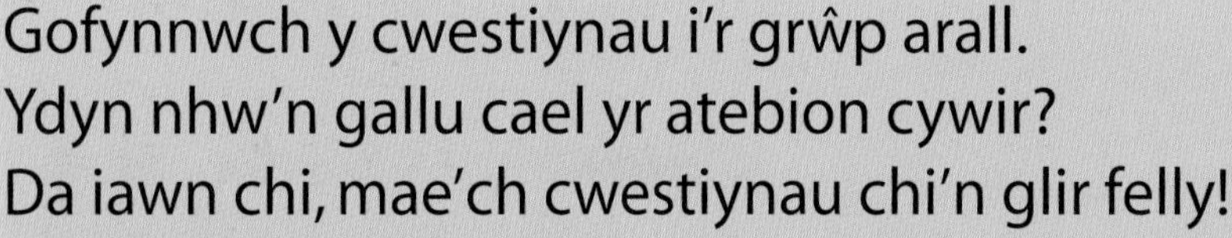

i'r dde

Gofynnwch y cwestiynau i'r grŵp arall.
Ydyn nhw'n gallu cael yr atebion cywir?
Da iawn chi, mae'ch cwestiynau chi'n glir felly!

Llenwch y bylchau hyn gyda'r gair mwyaf addas.

Mae'r jiráff a'r llew yn fawr, ond yr eliffant yw'r ________.

Mae Japan yn bell, ond Seland Newydd yw'r ________.

Bara yw'r ________ ar fy rhestr siopa.

Mae'r ddau fabi yn fach, ond Guto yw'r ________.

Mae tŷ Nia'n agos at ein tŷ ni, ond tŷ Jac yw'r ________.

Dim Mwnci'n y Dosbarth

A glywsoch chi sôn am blant Ysgol Pwllmawn?
Maen nhw i gyd yn actorion arbennig iawn, iawn.

6

Eu hathro yw'r enwog Llywelyn Myn-Brain
Sy'n dod bob dydd Iau yn ei fodur mawr cain
I'w dysgu i actio llew, eliffant, ych,
Neu unrhyw anifail. Wir – yrr! Mae e'n wych.

7

Ond un bore dydd Iau, ryw chwech wythnos yn ôl,
Roedd Llywelyn i ffwrdd. Felly daeth bws i nôl
Y plant a'u hathrawes a'u cludo i'r sŵ.

Roedd Llywelyn Myn-Brain wedi dweud wrthyn nhw:
'Dysgu actio fel mwnci yw'r dasg sydd o'ch blaen.
Y wobr i'r gorau fydd Cwpan Myn-Brain.'

Waw! Cwpan Myn-Brain! Roedd y plantos ar dân.
Fe redon drwy'r sŵ'n gynt na Guto Nyth Brân.

A mynd ar eu hunion at ffens gadarn, dal.
Y tu ôl i'r ffens honno roedd anferth o wal
A lawr oddi tani'n myfyrio'n y coed

Roedd criw o fwncïod. Aeth y plant yn ddi-oed
I roi'u trwynau drwy'r ffens a'u llygadu am sbel.
Ac yna fe action nhw.

Gallwch ddarllen mwy o hanes plant ysgol Pwllmawn yn y nofel '**Dim Mwnci'n y Dosbarth**' gan *Siân Lewis* (Gwasg Gomer)

Grwpiau Trafod

1. Beth sydd yn arbennig am blant Ysgol Pwllmawn?
2. Beth mae'r athro Llywelyn Myn-Brain yn dysgu i'r plant?
3. Beth ddigwyddodd i blant Ysgol Pwllmawn rhyw chwech wythnos yn ôl?
4. Beth oedd rhaid gwneud i ennill y cwpan?
5. Sut ydyn ni'n gwybod bod y plant yn gyffrous?
   Pa eiriau y mae'r awdur yn eu defnyddio i ddweud hyn wrthon ni?
6. Beth ydych chi'n credu sydd rhaid gwneud er mwyn actio fel mwncïod? e.e. bwyta bananas

Cysylltwch y geiriau sydd yn odli:

Pwllmawn	nhw
yn ôl	dal
sŵ	iawn
ar dân	yn ddi-oed
wal	brân
coed	nôl

Beth yw ystyr y geiriau hyn? Chwiliwch mewn geiriadur.
Rhowch y geiriau mewn brawddegau sydd yn gwneud synnwyr.

gair	ystyr	brawddeg
cain		
cludo		
cadarn		
anferth		
myfyrio		
llygadu		

cyhyrau __________

blew __________

llygaid __________

trwyn __________

pen-ôl __________

Mae eisiau i chi feddwl am eiriau eraill (ansoddeiriau) i ddisgrifio'r mwnci – er enghraifft:

cyhyrau cryf, cadarn

"Ac yna fe action nhw."

Mae eisiau i chi ysgrifennu pennill arall i ddweud beth ddigwyddodd pan ddechreuodd y plant actio fel mwncïod.

Pedair llinell fydd yn y pennill.

Bydd angen i ddwy o'r llinellau i odli.

Cysylltwch y geiriau sydd yn odli.
Pa rai allech chi ddefnyddio yn eich pennill chi?

neidio	breichiau
coesau	cropian
siglo	heidio
hongian	pigo

Ewch ati i ysgrifennu eich pennill chi.
Gallwch ddefnyddio eich disgrifiadau a'r geirau sy'n odli.

Wedi i chi orffen, darllenwch ddarn Siân Lewis eto gan ddarllen eich pennill newydd chi ar y diwedd.
Sut mae'n swnio?

Casandra

Mae Casandra y caneri yn aderyn pwysig iawn! Mae wedi ennill mewn nifer o sioeau ac mae tad Gafin a Sera yn meddwl y byd o Casandra. Un diwrnod, ar fore sioe Llangyni, mae Casandra'n mynd ar goll. Mae tad Gafin a Sera yn mynd o'i go, ac mae Gafin a Sera yn yr ardd gefn yn ceisio helpu eu tad i ddod o hyd i'r caneri.

Beth am ddarllen y ddrama fel grŵp?

Bydd eisiau'r cymeriadau hyn arnoch chi:

Gafin
Sera
Postmon
Miss Morys
Dyn llaeth

Gafin: Twi, twi, twi. Tyrd yma, Casandra fach. Tyrd at Gafin ...

Sera: Ble'r wyt ti, Casandra? Tyrd yma. Twi, twi, twi ...

Gafin: Does dim golwg ohoni hi yn unlle, Sera.

Sera: Nac oes. Rhaid ei bod hi wedi hedfan i fyny i'r coed.

Gafin: Dacw'r postmon yn dod. Mi ofynna i iddo fo.

Postmon: Helô, blant. Rydych chi allan yn gynnar iawn heddiw.

Gafin: Helô. Welsoch chi ganeri yn rhywle ar eich ffordd yma?

Postmon: Caneri? Naddo wir, fachgen. Pam? Ydi un o ganeris dy dad ar goll?

Sera: Ydi, yr un orau sy ganddo fo.

Gafin: Ac roedd hi i fod i gystadlu yn sioe Llangyni heddiw.

Postmon: Dyna biti. Os gwela i hi, mi ffonia i chi ar unwaith. Iawn?

Gafin: Diolch yn fawr iawn.

Postmon: Hwyl i chi, blant.

(*y postmon yn mynd ymlaen ar ei rownd*)

Sera: Be am i ni ofyn i Miss Morys drws nesa?

Gafin: Hei, dyna syniad da. Mae hi'n codi'n fore bob dydd.

Sera: I-w! I-w! Miss Morys? Ydych chi yna?

Miss Morys: Helô, Sera fach. Wel, rwyt ti wedi codi'n fore heddiw. A Gafin hefyd. Oes 'na rywbeth yn bod?

Gafin: Oes, mae Casandra wedi mynd ar goll.

Miss Morys: Y caneri gwerthfawr sy gan eich tad? O, diar!

Sera: Welsoch chi hi yn rhywle?

Miss Morys: Naddo, wir. Ond newydd godi rydw i. Dydi Twmi'r gath ddim wedi cael mynd allan eto.

Gafin (*yn dawel o dan ei wynt*) Diolch am hynny.

Miss Morys: Gobeithio y dewch chi o hyd iddi hi'n fuan.

Sera: Diolch, Miss Morys.

Gafin: Be am gerdded ar hyd y ffordd i weld ydi hi'n clwydo yn un o'r coed?

Sera: Aros funud. Mae fan y dyn llaeth yn dod.

Dyn llaeth: Helô, blant. Rydych chi wedi codi'n gynnar heddiw. Wedi anghofio ei bod hi'n ddydd Sadwrn, ie? (*yn chwerthin yn braf*)

Gafin: Na, chwilio am Casandra rydyn ni.

Dyn llaeth: Pwy ar y ddaear ydi Casandra?

Sera: Un o ganeris Dad. Mae hi ar goll.

Gafin: Welsoch chi ganeri ar eich ffordd yma yn rhywle?

Dyn llaeth: (*yn crafu ei ben a meddwl*)

Arhoswch chi am funud. Wel ...

Gafin a Sera: (*ar dân eisiau cael gwybod*)
Ie?

Dyn llaeth: Erbyn meddwl, mi welais i dderyn bach melyn yn y coed acw. Ond nico oedd hwnnw, nid caneri.

Gafin: Ydych chi'n siŵr?

Dyn llaeth: Ydw, yn berfffaith siŵr. Hwyl i chi. Gobeithio y dewch chi o hyd iddi.
(*yn mynd yn ôl at y fan*)

Sera: Diolch yn fawr.

Gafin: Be nesa?

Sera: Wn i ddim, wir. Rydyn ni wedi chwilio ym mhob twll a chornel.

Gafin: Do, ac wedi holi pawb hefyd.

Sera: Tyrd. Fe awn ni'n nôl i'r tŷ i weld be mae Mam a Dad yn ei wneud.

(*y ddau yn cychwyn cerdded at y tŷ*)

Edrych. Dydi Dad ddim wedi cau drws y sièd.

Gafin: Well i ni wneud? Rhag ofn i un o'r lleill ddianc hefyd?

Sera: Syniad da. Tyrd i weld ydyn nhw i gyd yno'n saff.

Gafin: (*yn edrych i mewn drwy'r drws*)

Hei! Weli di be wela i?

Beth sy'n digwydd nesaf?

Gallwch ddarllen gweddill y ddrama **Casandra** gan *Brenda Wyn Jones* yn **Gyda'n Gilydd 2**, Cyngor Sir Ynys Môn

Rydych chi wedi cael un ymarfer.
Nawr, beth am fwrw ati i **berfformio'r** ddrama?
Beth fydd angen i chi wella?
A fydd angen gwisgoedd arnoch chi?
A fydd angen rhyw bethau eraill arnoch chi hefyd?

Ysgrifennu Drama

Beth am ysgrifennu drama?
Beth am fwrw ati fel grŵp i'w hysgrifennu?

1
Meddwl a chynllunio

Bydd rhaid trafod llawer cyn dechrau ysgrifennu.
Beth am ddechrau fan hyn?

Y Ddrama

- Ble mae'r ddrama wedi'i gosod? e.e mewn parc chwarae, pwll nofio neu siop
- Sawl cymeriad sydd yn y ddrama? Ydyn nhw'n debyg i'w gilydd neu'n wahanol?
- Ydy'r cymeriadau'n debyg i'w gilydd neu'n wahanol? Pa fath o gymeriadau ydyn nhw?
- Pam y mae'r cymeriadau yma gyda'i gilydd?

  Beth yw prif ddigwyddiad y ddrama?

2
Meddwl a chynllunio

Ceisiwch gynllunio'n ofalus beth sydd yn digwydd yn y ddrama. Cofiwch fod un prif ddigwyddiad yn hen ddigon.

1. Ble mae pawb? Pam maen nhw yno?
2. Pwy sydd yno? Sut bobl ydyn nhw?
3. Beth sy'n digwydd
4. Sut mae pawb yn ymateb i hyn?
5. Sut mae'r ddrama yn gorffen?

Ffurf y Ddrama

Wrth ysgrifennu drama mae'n rhaid i ni gofio'r pethau hyn:

- Rhoi enw'r person sydd yn siarad ar ochr y dudalen
- Rhoi gofynnod (?) bob tro y mae'r cymeriad yn gofyn cwestiwn
- Os ydych chi eisiau i'r cymeriad wneud rhywbeth e.e cau'r drws, mae eisiau i chi roi hyn yn y ddrama. Bydd eisiau i chi roi hyn mewn cromfachau ( )
- Creu sgwrs fel y byddai'r cymeriad yn siarad. Os ydy'r cymeriad yn meddwl ei fod yn bwysig efallai y byddai'n siarad yn wahanol i gymeriad sydd yn dawel ac yn swil.
- Rhywbeth i'w pherfformio yw drama. Mae'n bwysig iawn eich bod yn darllen eich drama yn uchel wrth i chi ei hysgrifennu. Byddwch yn gallu gweld wedyn a ydy'r cymeriadau yn siarad yn naturiol neu beidio.
- Gwnewch yn siŵr eich bod yn perfformio'ch drama.
- Bydd gweddill y dosbarth yn gallu bod yn gynulleidfa i chi.

Beth oedd eich barn chi ar ddramâu'r dosbarth?

Pa ddrama oedd orau gennych chi? Pam?

Pwy oedd yn siarad yn glir ac yn uchel?

Fyddech chi'n newid y ffordd wnaethoch chi berfformio'ch drama chi? Pam?

Pwy oedd yn actio yn union fel y cymeriad?

Barti Ddu

Roedd Barti Ddu yn fôr-leidr enwog o Gymru.
Dyma ychydig o'i hanes.

tud 18

Roedd Barti Ddu'n credu mewn cadw trefn dda ar ei long a doedd y môr-ladron oedd dan ei ofal ddim yn cael gamblo, na rhegi, na ffraeo nac ymladd ymysg ei gilydd, ac roedd yn rhaid diffodd pob golau am wyth o'r gloch y nos.

Eto i gyd, roedd y môr-ladron yn meddwl y byd o Barti. Pan fyddai rhai ohonynt yn cael eu hanafu mewn brwydr, byddai Barti'n talu iddynt gael mynd i'r lan i wella.

Ond yn fwy na dim, roedd y môr-ladron yn edmygu Barti Ddu am ei fod mor ddewr a llwyddiannus. Nid oedd ganddo ofn neb na dim ac, fel arfer, ef fyddai'n ennill pob brwydr – gan ddod â chyfoeth mawr i'r criw, wrth gwrs.

tud 21

Un tro, hwyliodd Barti Ddu ei long fechan, gyflym i harbwr Bahai lle'r oedd deugain o longau o Bortiwgal wedi angori. Llusgodd ddwy hen long gydag ef, gan roi'r rheiny ar dân a chreu cynnwrf mawr yn un rhan o'r harbwr. Tra oedd y llongau rhyfel yn ceisio diffodd y tân, dihangodd Barti a'r criw gyda llong drysor y *Sagrada Familia*, a ffortiwn gwerth £20 miliwn...

tud 26

...does dim dwywaith mai Barti Ddu oedd y mwyaf enwog ohonynt (y môr-ladron) – casglodd fwy o aur ac ymosododd ar fwy o longau na neb arall mewn hanes.

tud 29

Daeth y straeon yn ôl adref i Benfro, ac yn ddistaw bach roedd pobl ei bentref genedigol, gwledig yn teimlo'n falch o'r bachgen gwallt du, cyrliog...

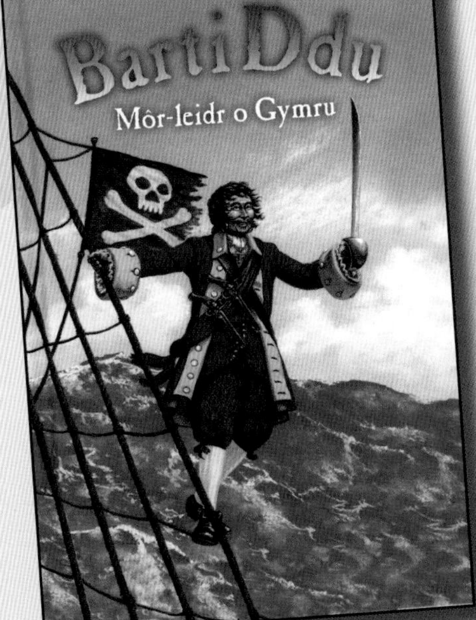

Gallwch ddarllen mwy o lawer am hanes Barti Ddu yn y llyfr '**Barti Ddu, Môr-leidr o Gymru**' gan wasg Carreg Gwalch.

Grwpiau Trafod

1. Beth, yn eich barn chi, yw môr-leidr?
2. Sut oedd Barti Ddu'n cadw trefn ar ei long?
3. Pam oedd y môr-ladron yn hoff o Barti Ddu?
4. Pam oedd Barti Ddu mor enwog?
5. Pam ydych chi'n credu bod y bobl o Benfro yn falch o Barti Ddu?

Darllenwch y brawddegau hyn.

Rhowch y rhain yn y llefydd cywir:

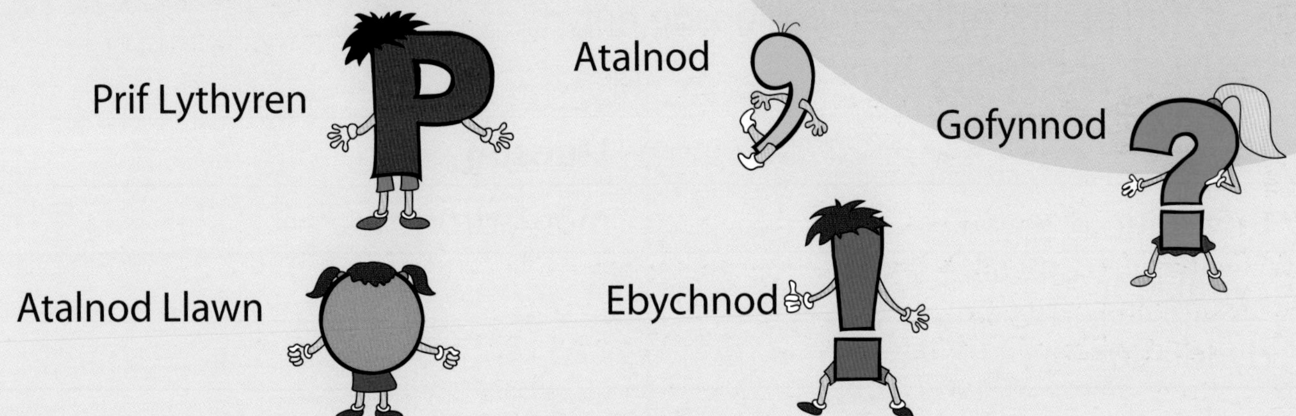

Dyma enghraifft i chi:

doedd y môr-ladron ddim yn cael rhegi ffraeo nac ymladd
<u>D</u>oedd y môr-ladron ddim yn cael rhegi<u>,</u> ffraeo nac ymladd<u>.</u>

roedd barti'n talu i filwyr oedd wedi cael anaf i fynd i'r lan

roedd barti wedi dianc gyda ffortiwn werth £20 miliwn

ai barti ddu oedd y môr-leidr mwyaf enwog yn y byd

enw iawn barti ddu oedd bartholomew roberts

cymro o sir benfro oedd barti ddu o bentref o'r enw casnewydd-bach

Edrychwch ar y geiriau hyn:

Unigol	Lluosog
llong	llongau
brwydr	
ceffyl	
llyfr	
papur	
afal	

Beth sydd yn digwydd wrth sôn am y geiriau hyn yn y **LLUOSOG**?

Mae ffyrdd eraill o greu geiriau lluosog hefyd.
Edrychwch ar y geiriau hyn:

Unigol	Lluosog
môr-leidr	môr-ladron
cyfrifiadur	
dyddiadur	
anrhreg	

Byddwch yn ofalus!
Weithiau, mae'r 'on' yn 'ion'.

Beth ydych chi'n credu yw **LLUOSOG** y geiriau hyn?

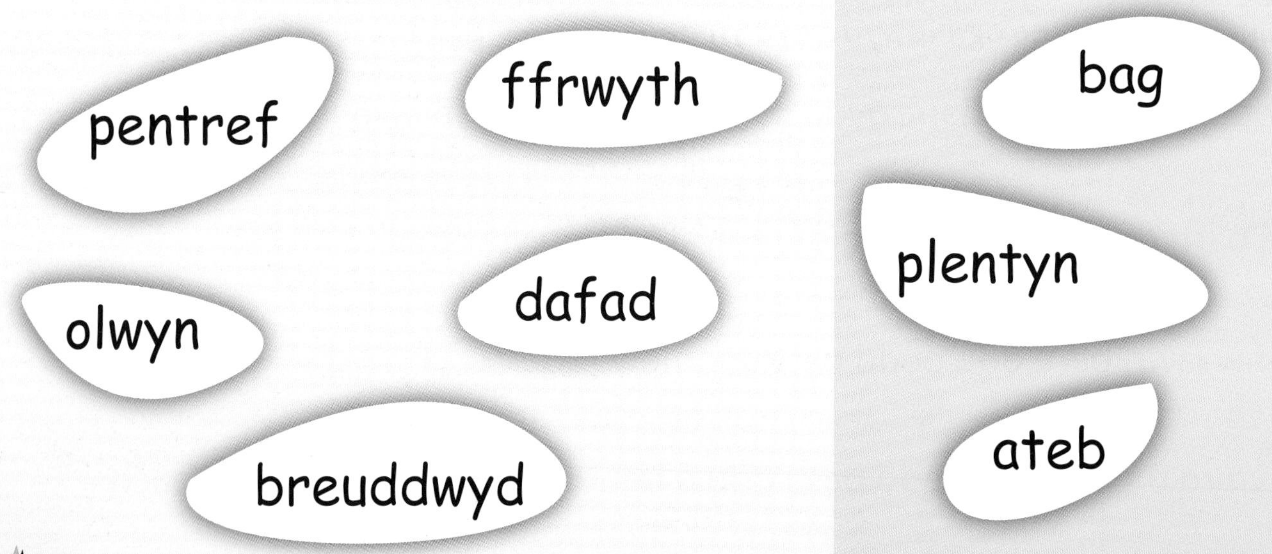

Ydyn nhw i gyd yn dilyn yr un patrwm?

Canolfan y Mileniwm

Ym mis Tachwedd 2004, cafodd adeilad newydd sbon ei agor yn ardal Bae Caerdydd. Mae sylw'r byd wedi bod ar y Ganolfan newydd hon – Canolfan Mileniwm Cymru.

Mae Canolfan Mileniwm Cymru wedi cael ei hadeiladu er mwyn i bobl Cymru gael mynd i weld pob math o bethau yno, fel sioeau cerdd, dramâu, bale ac opera.

Mae pobl wedi bod yn trafod adeiladu canolfan fel hon yng Nghymru ers blynyddoedd. Mae'r Ganolfan wedi costio llawer iawn o arian i'w hadeiladu, tua 106 miliwn o bunnoedd. Daeth llawer iawn o'r arian oddi wrth y Loteri Genedlaethol.

Mae llawer o bethau gwahanol y tu mewn i'r adeilad. Mae digon o lefydd bwyta, llefydd ymarfer, stiwdio recordio a stiwdio ddawns. Rydych chi hyd yn oed yn gallu cysgu yno! Mae gan Urdd Gobaith Cymru wersyll newydd yn y Ganolfan, gyda lle i fwy na 150 o bobl i gysgu yno.

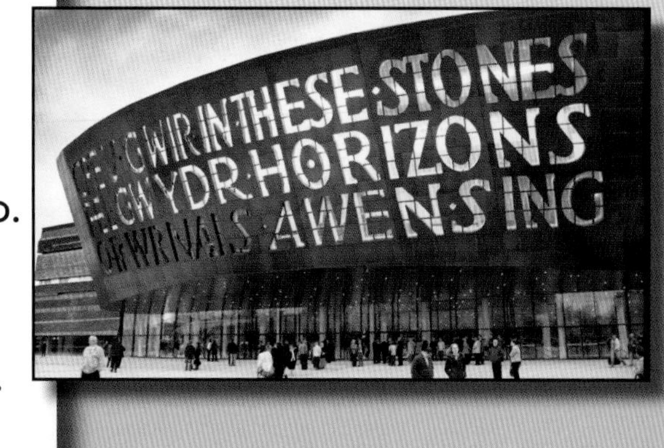

Y prif beth yn y Ganolfan wrth gwrs ydy'r Theatr. Mae 1,900 o bobl yn gallu eistedd yn y theatr. Enw'r theatr ydy Theatr Donald Gordon. Mae'r theatr wedi ei henwi ar ôl y dyn hwn am ei fod wedi rhoi 10 miliwn o bunnoedd er mwyn helpu i adeiladu Canolfan y Mileniwm. Dyma un o theatrau mwyaf y byd. Does dim theatr mwy o faint na hon yn Efrog Newydd hyd yn oed!

Mae llawer o bethau o Gymru wedi cael eu defnyddio wrth adeiladu'r Ganolfan. Mae'r llechi sydd tu allan yn dod o chwareli Gogledd Cymru, a'r dur a'r gwydr o'r De. Y prif beth sydd yn tynnu sylw pobl ydy'r llythrennau mawr gwydr sydd ar waliau'r lle. Maen nhw'n dweud 'Creu gwir fel gwydr o ffwrnais awen'. Mae pob llythyren yn ddwy fetr o faint ac mae ffenest ym mhob un.

Mae pobl yn teithio o bedwar ban byd er mwyn mynd i weld y lle. Ydych chi wedi bod yno?

Grwpiau Trafod

1. Ym mha **dymor** y cafodd Canolfan y Mileniwm ei hagor?
2. Beth yw pwrpas y Ganolfan?
3. Enwch dri gwahanol beth sydd y tu mewn i'r adeilad.
4. Pam ydych chi'n credu eu bod nhw wedi galw'r theatr yn 'Theatr Donald Gordon'?
5. Beth sydd yn arbennig am y llythrennau mawr gwydr ar flaen yr adeilad?
6. Fyddech chi'n hoffi mynd i'r Ganolfan? Pam?

Mae llawer iawn o ffigyrau yn y darn ar Ganolfan y Mileniwm. Ysgrifennwch y ffigyrau hyn mewn geiriau:

£10 miliwn	deg miliwn o bunnoedd
£106 miliwn	______________
150 o bobl	______________
1,900 o bobl	______________
£30 miliwn	______________

Edrychwch ar y misoedd hyn. Ysgrifennwch nhw yn eu trefn.

Chwefror	Rhagfyr	Mawrth	Mai
Medi	Mehefin	Tachwedd	Awst
Ebrill	Hydref	Gorffennaf	Ionawr

Mae'r darn yn dweud bod pobl yn dod i Ganolfan y Mileniwm "o bedwar ban byd".
Ysgrifennwch frawddeg i bob un o'r idiomau hyn:

- o bedwar ban byd
- o bell ac agos
- o bob cwr o'r wlad
- milltir sgwâr

Weithiau, rydyn ni'n defnyddio ffordd arall o gyfrif yn y Gymraeg.

Edrychwch ar hyn:

Rydyn ni'n defnyddio'r **benywaidd** i gyfrif pethau fel hyn:

- merched
- punnoedd
- oedran

Sut rydych chi'n gwybod a ydy rhywbeth yn fenywaidd neu'n wrywaidd? Os edrychwch chi yn **Geiriadur Cynradd Gomer**, bydd y geiriau 'hwn' neu 'hon' yn dilyn y gair.

> **merch** *hon enw* (**merched**)
> **1** person ifanc, benyw GIRL
> **2** plentyn benyw *Ai merch Ben Evans wyt ti?* DAUGHTER

Mae *hwn* yn wrywaidd — **dau** fachgen
Mae *hon* yn fenywaidd — **dwy** ferch

Chwiliwch yn **Geiriadur Cynradd Gomer** i weld a ydy'r geiriau hyn yn wrywaidd (hwn) neu'n fenywaidd (hon).

	hwn (gwrywaidd)	hon (benywaidd)
asyn		
mwnci		
gôl		
dafad		
mis		

Trowch y rhifau hyn yn eiriau:

(2) merch, (4) oed, (2) cae, (3) punt, (2) dafad, (3) bachgen, (2) mwnci, (3) coeden, (2) pêl, (3) gôl, (2) asyn, (2) car.

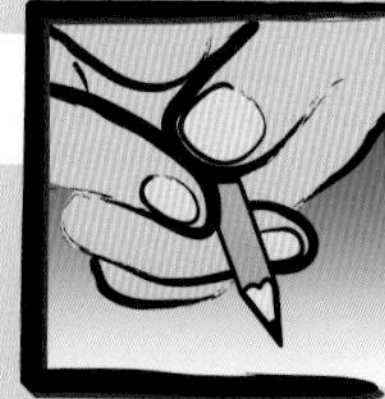

Ysgrifennu e-bost

Rydych chi wedi bod am ymweliad i Ganolfan y Mileniwm. Efallai eich bod wedi gweld sioe yno. Ysgrifennwch e-bost at ffrind yn sôn sut brofiad oedd bod yno.

1 Meddwl a chynllunio

Beth oedd achos yr ymweliad?

Ymweliad i Ganolfan y Mileniwm

- Pam?
- Gyda phwy?
- Pryd?
- Sut?

2 Meddwl a chynllunio

Beth welsoch chi yno?
Aethoch chi am fwyd?
Aethoch chi i'r siop?

Ffurf yr e-bost

- Mae e-bost ychydig yn wahanol i lythyr
- Mae eisiau i chi gyfeirio'r e-bost at rywun
- Mae e-bost yn fyr. Ceisiwch ysgrifennu o leiaf 100 gair yn sôn am eich ymweliad â'r Ganolfan.

Beth am gynllunio fel hyn cyn anfon yr e-bost iawn at un o'ch ffrindiau.

Oddiwrth ______ At ______

Ynglŷn â ______ Anfon

A-WW! Wynff a'r Dant Drwg

tud 5

Roedd dant drwg gan Wynff, y crocodeil.

Roedd e'n brifo pan oedd e'n bwyta.
Roedd e'n brifo pan oedd e'n yfed.
Roedd e'n brifo hyd yn oed pan oedd e'n gwenu.

tud 6

"Mae'r dant yn boenus iawn," cwynodd Wynff.
"OOO ... AAA ... WWW."

Fe lusgodd ei hun allan o'r afon, gorwedd ar y lan a chwyno eto.
"OOO ... AAA ... WWW."

tud 7

Gallai Pwtgwt, yr arth, glywed y sŵn o ben y goeden.
Fe neidiodd hi i lawr at lan yr afon i weld beth oedd yn bod.

tud 8

"Beth sy'n bod, Wynff?" holodd. "Oes poen yn dy fol di? Dwi'n aml yn cael poen yn fy mol pan fydda i wedi bwyta gormod o fêl."

tud 9

"Na," cwynodd Wynff. "Does dim poen yn fy mol i. Edrych yn fy ngheg i, Pwtgwt. Chwilia am ddant drwg."

tud 10

Edrychodd Pwtgwt yng ngheg Wynff. Roedd ei geg yn llawn o ddannedd mawr.

tud 12

"Rwyt ti mor ddiog, Wynff," meddai Pwtgwt. "Dwyt ti ddim yn glanhau dy ddannedd, wyt ti? Dwi'n gallu gweld cinio wythnos ddiwetha arnyn nhw."

Ond dim ond cwyno eto wnaeth Wynff.
Cwyno'n uwch.
"OOO ... AAA ... WWW."

Gallwch ddarllen mwy am hanes Wynff yn '**A-WW! Wynff a'r Dant Drwg'**, Gwasg Carreg Gwalch

Grwpiau Trafod

1. Pryd roedd dant Wynff yn brifo?
2. Sut ydyn ni'n gwybod bod ei ddant yn boenus?
   Pa air neu eiriau mae'r awdur yn eu defnyddio i ddweud wrthon ni?
3. Ydy Pwtgwt yr arth yn garedig neu beidio?
   Pam ydych chi'n dweud hyn?
4. Pam mae dant Wynff yn brifo?
5. Beth allai Wynff ei wneud yn y dyfodol er mwyn osgoi cael y ddannoedd?

Mae Wynff a Pwtgwt yn siarad llawer yn y darn hwn.
Bob tro y maen nhw'n siarad mae:

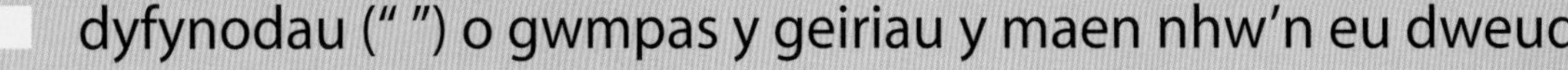

- dyfynodau (“ ”) o gwmpas y geiriau y maen nhw'n eu dweud
- gofynnod (?) os ydyn nhw'n gofyn cwestiwn
- llinell newydd i bob person newydd sy'n siarad

Ail ysgrifennwch y darn hwn gan ddefnyddio:

- dyfynodau (“ ”)
- gofynnod (?)
- atalnod llawn (.)
- **P**rif **L**ythyren
- llinell newydd i bob cymeriad sy'n siarad

Roedd wynff y crocodeil yn boenus holodd i'w ffrind pwtgwt i ddod i'w weld wyt ti'n gallu edrych yn fy ngheg pwtgwt gofynnodd yn garedig wrth gwrs atebodd pwtgwt

Edrychwch ar y frawddeg hon:

“Roedd ei geg yn llawn o ddannedd **mawr**.”

Gan gofio bod Wynff **yn grocodeil**, ydych chi'n medru meddwl am eiriau eraill **i ddisgrifio** dannedd Wynff?

Mae dant Jac yn brifo!
Ydy e wedi bod yn bwyta gormod o bethau melys?
Mae'n rhaid iddo fynd at y deintydd.

"Helô, sut ydych chi?" dywedodd y Deintydd yn garedig.
"Yn weddol, diolch," atebodd Jac gan deimlo braidd yn nerfus.
"Eisteddwch yn y gadair," meddai'r Deintydd.

Beth sy'n digwydd nesaf?
Ydy Jac yn cael dolur?

Gorffennwch sgript y ddeialog.

Cofiwch:

- rhoi Prif Lythyren i enw'r person
- dechrau pob llinell gyda Phrif Lythyren
- gorffen pob llinell gydag atalnod llawn (.)
- defnyddio gofynnod (?) wrth ofyn cwestiwn
- defnyddio ebychnod (!) os oes rhywun yn cael syndod

Mewn grwpiau o 3, ewch ati i berfformio'r ddeialog.
Dylai un person chwarae rhan Jac.
Dylai un person chwarae rhan y Deintydd.
Dylai un person ddweud y darnau sydd ddim yn ddeialog.
Rydyn ni'n galw'r darnau hyn yn **naratif**.

Beth fyddai'n gwneud perfformiad da?

Ydy pawb yn darllen y darnau'n hyderus? Oes eisiau ymarfer unrhyw eiriau?	
Ydy pawb yn edrych ar y papur drwy'r amser? Oes rhai'n gwybod darnau ar eu cof?	
Ydy pawb yn dweud y geiriau'n glir?	
A fydd y dosbarth i gyd yn medru eich clywed?	
Ydych chi'n defnyddio'ch wyneb a'ch corff yn dda? e.e. i ddangos bod ofn arnoch chi	

Llangrannog Ddoe a Heddiw

Llangrannog ddoe ....

Yn 1932 cafodd Syr Ifan ab Owen Edwards y syniad o sefydlu gwersyll i bobl ifanc Cymru. Penderfynwyd sefydlu'r gwersyll haf yn Llangrannog. Cafwyd 4 wythnos o wersyll haf yn 1932 ar gyfer 150 o wersyllwyr. Dyma oedd y gwersyll cyntaf yn Llangrannog.

Erbyn 1934 roedd gwersyll arall wedi sefydlu yng ngogledd Cymru, ym Mhorth Dinllaen i gyd-redeg â Llangrannog. Aeth y bechgyn i Borth Dinllaen a'r merched i Langrannog!

Yn 1938 roedd y bechgyn a'r merched yn dod i wersyll cymysg yn Llangrannog. Erbyn hyn roedd capel, campfa a chegin wedi eu hadeiladu yn Llangrannog. Roedd pawb yn aros mewn pebyll.

Llangrannog heddiw ....

Un o weithgareddau mwyaf poblogaidd Llangrannog yw'r beiciau modur.

Suzuki yw'r math o feiciau y mae Llangrannog yn defnyddio. Mae trac arbennig yno sydd yn 200 metr o hyd, ac mae pob un o'r beiciau'n medru mynd ar gyflymder o 40 milltir yr awr. Serch hyn, mae cyflymder y beiciau wedi'i osod ar tua 20 milltir yr awr.

Mae'r beiciau'n defnyddio llawer o betrol, tua 320 galwyn y flwyddyn. Yn ogystal â hyn maen nhw'n defnyddio tua 100 litr o olew y flwyddyn. Mae beiciau Llangrannog yn feiciau prysur iawn! Mae pob un o'r beiciau'n gwneud tua 60 cilomedr bob dydd!

Gallwch ddarllen mwy am yr Urdd ar ei gwefan **www.urdd.org**

Grwpiau Trafod

1. Beth oedd syniad Syr Ifan ab Owen Edwards?
2. Beth oedd yn digwydd ar y dechrau i'r bechgyn a'r merched?
3. Beth oedd yn Llangrannog erbyn 1938?
4. Pa mor gyflym yw beiciau modur Llangrannog?
5. Ydych chi'n credu ei bod hi'n ddrud i gadw beiciau modur Llangrannog?
   Pam ydych chi'n credu hyn?
6. Ewch i'r wefan.
   Pa fath o bethau eraill y gallwch chi eu gwneud yn Llangrannog?

Edrychwch ar y geiriau hyn:

i **b**obl
i **L**angrannog
i **w**ersyll

Beth sydd wedi digwydd i'r geiriau hyn ar ôl ' i '?

Beth sydd wedi digwydd i'r geiriau sydd yn dod ar ôl yr 'i' yn y brawddegau hyn?

Roeddwn i'n mynd i **b**rynu bara yn y siop.	p wedi newid i
Roedd e wedi mynd i **d**raeth Llangrannog.	t wedi newid i
Cefais i **g**ath fach ar fy mhen-blwydd.	c wedi newid i
Rydw i'n mynd i **f**od yn hwyr!	b wedi newid i
Maen nhw eisiau mynd i **dd**inas Caerdydd.	d wedi newid i
Aeth y bêl i **a**rdd drws nesaf.	g wedi newid i
Roedd lle yn y bws i **l**awer iawn o bobl.	ll wedi newid i
Enillais docyn i **f**ynd i Sbaen.	m wedi newid i
"Mae lle i **r**ywun eistedd yma," meddai'r athro.	rh wedi newid i

Mae geiriau sydd yn dechrau gyda'r llythrennau hyn yn treiglo (yn newid) ar ôl ' i ':

p	⟶	b	Rydw i'n mynd i **b**arti pen-blwydd.
t	⟶	d	Rydw i'n mynd i **d**acluso fy ystafell wely.
c	⟶	g	Aeth e am dro i **g**artref ei ffrind.
b	⟶	f	Rhaid i **f**lwyddyn pump orffen y gwaith.
d	⟶	dd	Gwelais i **dd**afad yn y cae.
g	⟶	yn diflannu	Rydw i'n mynd i _weld y deintydd ar ôl ysgol.
ll	⟶	l	Roedd y gwaith yn mynd i **l**yfrau'r plant.
m	⟶	f	Yn 1934 roedd Llangrannog yn wersyll i **f**erched.
rh	⟶	r	Daeth hi o hyd i **r**osyn coch yn yr ardd.

Pa un o'r brawddegau hyn sydd yn gywir?

Mae'r Ganolfan Hamdden ar agor i plant.
Mae'r Ganolfan Hamdden ar agor i blant.

Mae Llundain yn bell i fynd iddo.
Mae Llundain yn bell i mynd iddo.

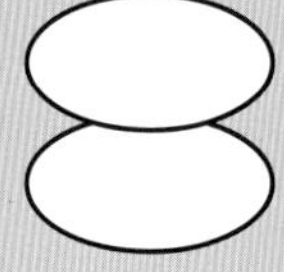

Rydw i'n mynd i gwersi nofio.
Rydw i'n mynd i wersi nofio.

Rydw i'n mynd i bwyta fy nghinio i gyd.
Rydw i'n mynd i fwyta fy nghinio i gyd.

Ydyn ni'n mynd i gael gwaith cartref heno?
Ydyn ni'n mynd i cael gwaith cartref heno?

Roedd e eisiau brechdan i de.
Roedd e eisiau brechdan i te.

Mae llawer o bobl eisiau dod i Cymru ar eu gwyliau.
Mae llawer o bobl eisiau dod i Gymru ar eu gwyliau.

Ydych chi'n mynd i gofio treiglo ar ôl ' i '?

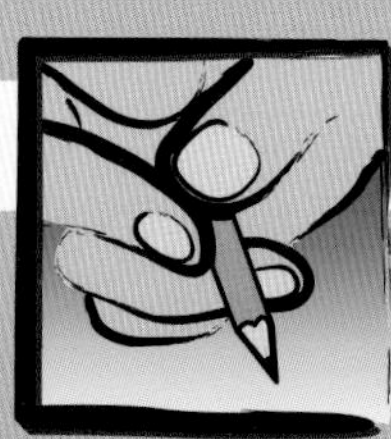

Ysgrifennu Dyddiadur

Dychmygwch eich bod wedi treulio tridiau yn Llangrannog.
Rydych chi wedi ysgrifennu dyddiadur tra'ch bod chi'n aros yno.
Beth fyddai'r dyddiadur yn ei ddweud?

1 Meddwl a chynllunio

Beth fyddech chi wedi'i wneud yn Llangrannog?

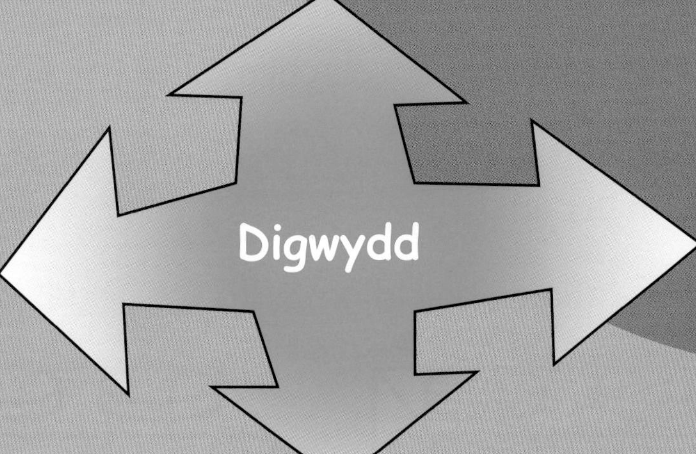

2 Meddwl a chynllunio

Sut fyddech chi'n teimlo yno?

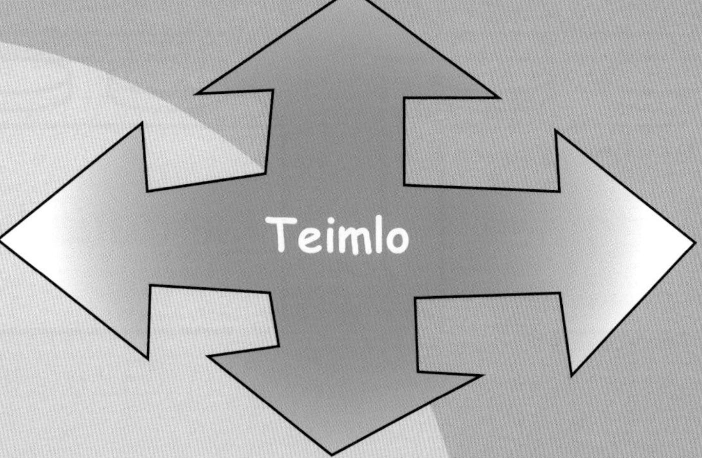

3 Meddwl a chynllunio

Pa fath o eiriau fydd eisiau arnaf?
Bydd angen defnyddio berfau a berfenwau fel hyn yn y dyddiadur:

roeddwn i	gweld bod	mynd i	cwrdd â
siarad â	edrych 'mlaen at	clywed	teimlo yn
bwyta	gweld eisiau	meddwl am	cysgu erbyn

Ffurf y dyddiadur

Wrth ysgrifennu dyddiadur mae'n rhaid i ni gofio'r pethau hyn:

- Ysgrifennu'r diwrnod ar gychwyn y cofnod
- Eich dyddiadur chi ydy hwn.
  Bydd angen cofio defnyddio berfau fel 'roeddwn i' wrth ysgrifennu.
- Bydd angen sôn am beth sydd wedi digwydd yn ystod y diwrnod.
  Ydych chi wedi cael profiadau newydd?
- Bydd angen dweud sut oeddech chi'n teimlo'n ystod y diwrnod.
- Bydd angen dweud os ydych chi'n edrych 'mlaen at rywbeth neu'n gweld eisiau rhywbeth.
- Gallwch ddefnyddio ambell idiom wrth i chi ysgrifennu:

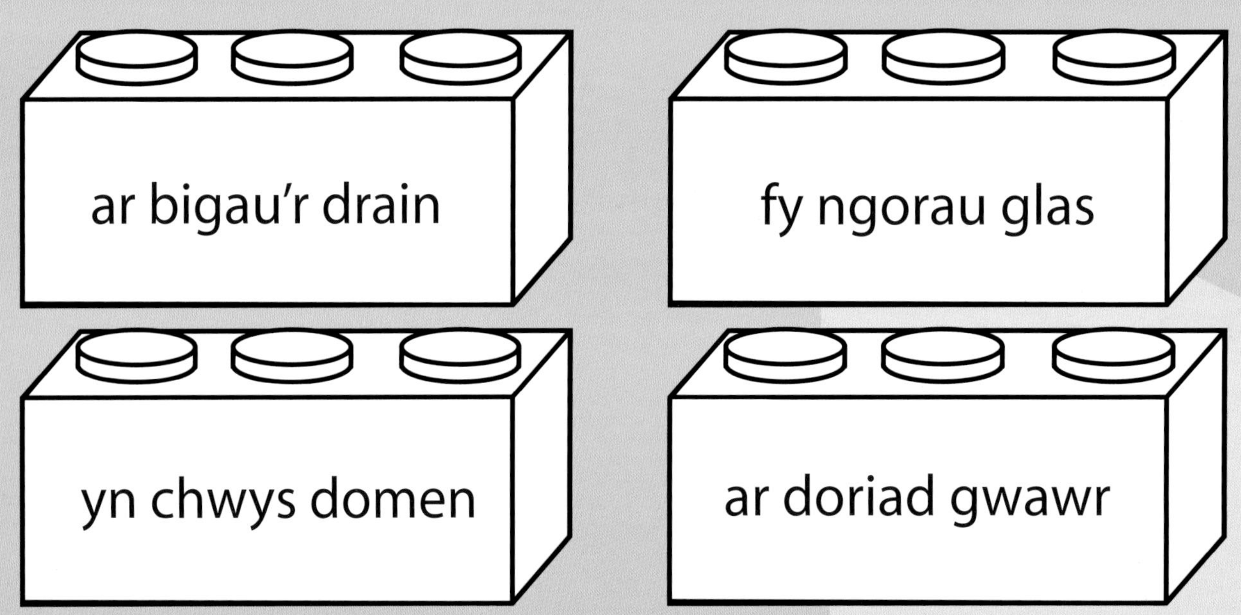

Wedi i chi ysgrifennu'r dyddiadur, gofalwch eich bod wedi gwneud y pethau pwysig hyn:

Oes atalnod llawn (.) ar ddiwedd pob brawddeg?	
Oes Prif Lythyren ar ddechrau pob brawddeg?	
Oes Prif Lythyren i enwau pobl a llefydd?	
Oes berfau cywir yn fy ngwaith - roeddwn i?	
Oes ansoddeiriau i ddisgrifio teimladau? – yn nerfus?	
Ydy'r ansoddeiriau wedi treiglo ar ôl 'yn'?	
Ydw i wedi cynnwys ambell idiom yn y dyddiadur?	

Ar y We

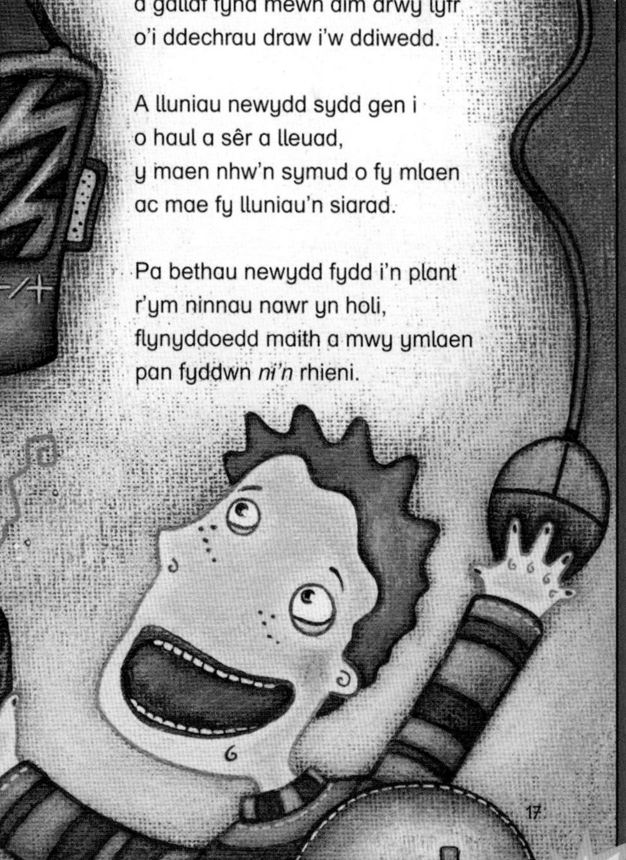

Gallwch ddarllen mwy o gerddi gan Tudur Dylan Jones yn y gyfrol '**Rhywun yn Rhywle**' gan wasg Gomer.

Grwpiau Trafod

1. Beth yw enw'r bardd?

2. Sut oedd ein rhieni yn dod o hyd i wybodaeth pan oedden nhw'n ifanc?

4. Sawl pennill sydd yn sôn am ein rhieni yn y gerdd?

5. Ym mha bennill mae'r bardd yn dechrau sôn am bobl ifanc heddiw?

6. Sut mae pobl ifanc heddiw yn dod o hyd i wybodaeth?

7. Ym mhennill 5 mae'r bardd yn dweud bod y lluniau nawr yn "siarad".
Beth ydych chi'n credu y mae hyn yn ei olygu?

Edrychwch ar bennill 1 eto:

Mae'r geiriau 'fychan' a 'cyfan' yn odli.

Mae 'fychan' ar ddiwedd llinell 2, ac mae 'cyfan' ar ddiwedd llinell 4.

Ydy llinellau 1 a 3 yn odli?

Pa eiriau eraill sydd yn odli yn y gerdd?

Pennill 2		
Pennill 3		
Pennill 4		
Pennill 5		
Pennill 6		

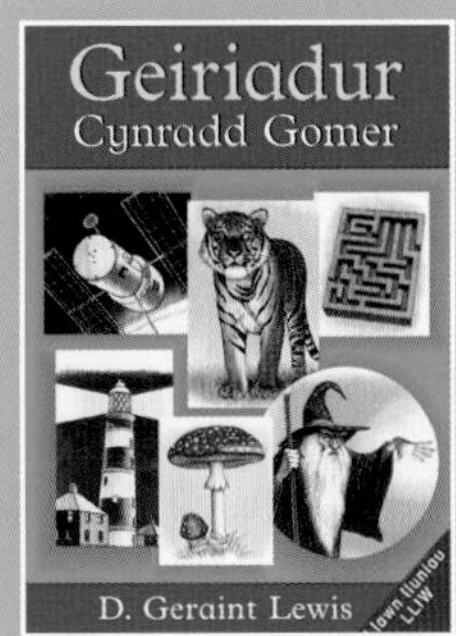

Gwaith Geirfa

Edrychwch yn y Geiriadur am ystyr y geiriau hyn.
Ysgrifennwch frawddeg yn cynnwys pob gair.

ffaith	llonydd	maith

Wrth gloi'r gerdd, mae'r bardd yn gofyn

"Pa bethau newydd fydd i'n plant
r'ym ninnau nawr yn holi,
flynyddoedd maith a mwy ymlaen
pan fyddwn *ni'n* rhieni."

Beth ydych chi'n credu fydd yn newydd yn yr ysgol erbyn 2060?
Syniadau:

Ysgrifennwch baragraff am y pethau fydd yn newydd yn yr ysgol erbyn 2060.

Cofiwch ddefnyddio geiriau fel hyn i gychwyn eich brawddegau.
Cofiwch roi atalnod llawn (.) ar ddiwedd pob brawddeg.

Yn y dyfodol, bydd plant yn	Mae'n siŵr gen i y bydd ...	Efallai byddan nhw'n ...
Rydw i'n credu y bydd ...	Pwy a ŵyr, gallai plant fod yn ...	Tybed a fydd ...?

Ysgol Lol

Mae ei mam wedi anfon Ann i'r ysgol er mwyn cael gwersi dros wyliau'r haf. Mae'r ysgol hon yn wahanol iawn, Ysgol Lol yw ei henw ...
Wrth gerdded ar hyd y coridor ar ei diwrnod cyntaf mae Ann yn cwrdd â Mr. Hwyl, yr athro chwerthin!

Doedd dim sŵn o gwbl yn y neuadd, ac roedd y coridorau a arweiniai oddi yno i weddill yr ysgol yn hollol dawel hefyd. Dechreuodd Ann gerdded i gyfeiriad y drws agosaf ati, ond wrth iddi nesáu, clywodd gyfres o synau cras, hyll, ond eto i gyd, synau braidd yn ddoniol! Roedd y synau'n esgyn ac yn disgyn yn afreolus gan orffen ar nodyn uchel a main, yn debyg i wich llygoden. Dechreuodd Ann chwerthin – roedd hi'n siŵr taw sŵn rhywun yn torri gwynt oedd e !

Wrth iddi geisio rheoli'i chwerthin, agorodd y drws o'i blaen. Yno, safai dyn byr a chrwn; yn wir, roedd e'n fyrrach nag Ann hyd yn oed! Wrth syllu arno, sylweddolodd Ann ei fod yn grwn fel pêl – roedd e bron yn sffêr berffaith!
"Wel-i-wel-wel-wel-wel!"

Taranodd y geiriau o amgylch y neuadd, gan atseinio'n ôl ac ymlaen oddi ar y waliau a'r to nes bod sŵn cant o leisiau'n dweud y geiriau. Syllodd Ann arno.

"Bore da-di-da!" ebychodd y dyn crwn, gan edrych yn ddwys ar Ann. Roedd ei lygaid mor fach nes gwneud i Ann feddwl ei fod yn debyg i wahadden; ond roedd yn anodd gweld ei wyneb i gyd am fod ei ben wedi'i orchuddio â phentwr o wallt gwyn, gwyn, a'i ên a'i fochau ar goll o dan farf a mwstás o'r un lliw â chyflwr â'i wallt.

"Ym ... bore da," atebodd Ann yn ansicr.

"Hymff ..." ychwanegodd y dyn crwn yn isel. "Disgybl newydd-e-wydd?"

Edrychodd Ann arno mewn syndod. Dyma lle roedd dyn digon rhyfedd ei olwg, yn siarad â hi fel petai e'n bum mlwydd oed. Ni wyddai Ann sut i ymateb, felly ysgydwodd ei phen yn araf.

"Hyfryd-i-dw-da!" ebychodd y dyn yn llon, gan daflu'i freichiau i'r awyr yn gyffrous.

(**Ysgol Lol**, *Nicholas Daniels*, Dref Wen)

Grwpiau Trafod

1. Darllenwch frawddeg gyntaf y darn.
   Sut ydych chi'n credu y mae Ann yn teimlo?
2. Disgrifiwch Mr. Hwyl.
   Siaradwch am - ei wallt, ei gorff, ei lygaid.
3. Disgrifiwch y ffordd y mae Mr. Hwyl yn siarad.
4. Pa fath o le ydych chi'n credu yw Ysgol Lol?
   Wrth drafod, cofiwch roi rhesymau am eich barn.
5. Mae Mr. Hwyl yn athro chwerthin. Pa fath o wersi ac athrawon ydych chi'n credu sy'n Ysgol Lol?
6. Fyddech chi'n hoffi mynd i ysgol debyg i Ysgol Lol? Pam?
7. Ydy Ysgol Lol yn deitl da ar ysgol fel hon? Pam?
   Meddyliwch am enwau eraill a allai fod ar ysgol fel hon.

Edrychwch ar y geiriau hyn ...

Dechreuodd Ann gerdded i gyfeiriad y drws
... yn debyg i wich llygoden
nes bod sŵn cant o leisiau'n dweud y geiriau
ei ben wedi'i orchuddio â phentwr o wallt gwyn

Ydych chi'n cofio beth sy'n digwydd i eiriau ar ôl 'i' ac 'o'?

Ydy pob gair yn treiglo ar ôl 'i' ac 'o'?

Edrychwch ar y geiriau hyn:

mwy o raglenni	dere i ysgrifennu	i ardd drws nesaf	o haul poeth	i gefn y rhwyd
llawer o fechgyn	cwdyn o afalau	mynd i siopa	gormod o bobl	i yfed dŵr
mwy o lefydd	i siarad am	mynd i dŷ ffrind	llawer o ferched	rhaid talu i ddod

Geiriau sy'n dechrau â pha lythrennau sy'n treiglo ar ôl 'i' ac 'o'?

Mae 9 llythyren i gyd

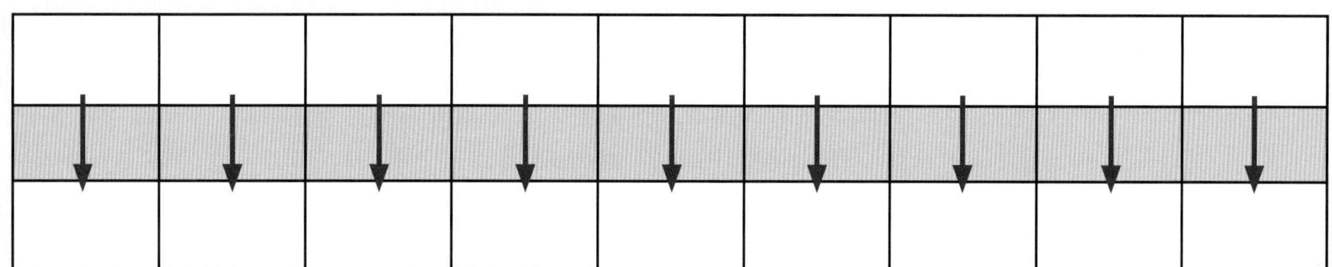

Beth ddylai ddigwydd i'r geiriau hyn?

o plant

i meddwl

o dolur

o rheolau

i gweld

i llawer

i talu

o cŵn

o bag

Ysgrifennwch baragraff yn sôn am eich taith i'r ysgol.

Cofiwch-

Treiglo geiriau ar ôl 'i' ac 'o' os oes angen.

50c

PAPUR BRO DYFFRYN PAWB

Newyddion

Pentref Llanfaes

Llongyfarchiadau
Roedd Steffan James, Llys-yr-Awel, yn ddeunaw oed ar y 10fed o Fai. Gobeithio bod pawb wedi mwynhau'r parti!

Dim 'D'!
Llwyddodd Elin Dafis, Maesgwynt, yn ei phrawf gyrru'n ddiweddar. Llongyfarchiadau.

Gwellhâd Buan
Cafodd Ifan Harris, 9 Cysgod y Llan, lawdriniaeth yn ysbyty Bronglais yn ddiweddar. Gobeithio eich bod yn well a chroeso adref i chi.

Ysgol Gynradd Llanfaes

Rygbi
Llongyfarchiadau i fechgyn blwyddyn 3 a 4 a enillodd cystadleuaeth rygbi'r Urdd yn ddiweddar. Bydd y tîm yn chwarae yn y rownd nesaf yn Aberystwyth. Pob lwc!
Llongyfarchiadau hefyd i Daniel Evans sydd wedi cael ei ddewis i dîm dan 9 oed y sir. Bydd Daniel yn chwarae ei gêm gyntaf yr wythnos nesaf yn Abertawe.

Taith
Aeth dosbarth Mrs. Richards ar daith hanes i weld Castell Caernarfon. Cafodd pawb amser arbennig gan ddysgu llawer am y castell. Cawsom sglodion hyfryd ym Mhorthmadog ar y ffordd adref!

Ffair Haf
Bydd ffair haf yr ysgol yn cael ei chynnal ar y 3ydd o Orffennaf ar gaeau'r ysgol. Bydd yno farbeciw, stondin gacennau a chwaraeon i'r plant. Mae croeso cynnes i bawb i ddod i gefnogi. Bydd yr elw'n mynd tuag at brynu offer i barc chwarae newydd adran y babanod.

Grwpiau Trafod

1. Pam y mae angen llongyfarch Steffan James ac Elin Dafis?
2. Beth sydd wedi digwydd i Ifan Harris yn ddiweddar?
3. Sut hwyl y mae tîm rygbi Llanfaes yn ei gael?
   Pam ydych chi'n dweud hyn?
4. A gafodd dosbarth Mrs. Richards amser da ar eu taith?
   Pam ydych chi'n credu hyn?
5. Pam y mae'r ysgol eisiau i bobl ddod i gefnogi'r Ffair Haf?

Edrychwch ar y dyddiadau hyn:

Y 10fed o Fai	**y 3ydd o Orffennaf**

Beth sydd wedi digwydd i enwau'r misoedd hyn?

- Mai
- Gorffennaf

Beth ydych chi'n credu fyddai'n digwydd petai'r gair 'o' yn cael ei roi o flaen y misoedd hyn?

- Mawrth
- Mehefin
- Medi
- Tachwedd
- Rhagfyr

Cofiwch fod angen Prif Lythyren ar gyfer enw pob mis o'r flwyddyn

Ysgrifennwch y dyddiadau yma'n llawn:

1. 1 / 3 - y cyntaf o Fawrth
2. 5 / 9 -
3. 8 / 11 -
4. 10 / 6 -
5. 25 / 12 -

Does dim eisiau newid y misoedd hyn ar ôl y gair 'o':

- Ionawr
- Chwefror
- Ebrill
- Awst
- Hydref

Ysgrifennu Newyddion Papur Bro

Ysgrifennwch newyddion eich ysgol chi ar gyfer eich papur bro.

1
Meddwl a chynllunio

Beth sydd wedi digwydd yn eich dosbarth chi'n ddiweddar?
Pa newyddion ysgol sydd gan y disgyblion a'r staff?

Pwy sydd yn gwybod newyddion pob dosbarth yn yr ysgol?
Sut ydych chi'n mynd i gasglu'r holl newyddion?

Oes angen cynnwys pob darn o newyddion am yr ysgol yn eich papur bro?
Ydych chi'n mynd i ddethol a dewis?

2
Meddwl a chynllunio

Ydych chi wedi penderfynu ar beth ydych chi'n mynd i'w gynnwys yn y newyddion ysgol?
Sawl eitem newyddion?

Ydych chi wedi gwneud nodiadau byr ar y ffeithiau sydd eisiau eu cynnwys ym mhob eitem newyddion?

3
Gwneud Nodiadau

Dewi Jones, blwyddyn 3
torri coes

Druan â Dewi!
Pob dymuniad da i Dewi Jones, blwyddyn 3. Torrodd Dewi ei goes wrth ddringo coeden. Mae pawb yn nosbarth tri yn dymuno gwellhâd buan iddo.

Ffurf newyddion i bapur

Wrth ysgrifennu newyddion i bapur lleol mae'n rhaid i ni gofio'r pethau hyn:

Ysgrifennu is-bennawd i bob eitem newyddion

Creu'r dudalen ar ffurf dwy golofn

Bydd rhai eitemau newyddion yn weddol fach e.e gwellhâd buan a llongyfarchiadau

Bydd rhai eitemau eraill yn adrodd hanes rhywbeth e.e ymweliad â lle arbennig. Bydd eisiau ychydig mwy o ysgrifennu ar gyfer eitemau fel hynny.

Cofiwch ddefnyddio'r amser gorffennol os ydych chi'n sôn am rywbeth sydd wedi digwydd:

Gwelodd y disgyblion ...

Aeth dosbarth ...

Daeth ... i'r ysgol

Cawson nhw ...

Derbyniodd y dosbarth ...

Bu llawer o ...

Os ydych chi'n sôn am rywbeth sydd yn mynd i ddigwydd yn y dyfodol mae angen i chi ddefnyddio berfau fel hyn:

Bydd yr ysgol yn cynnal ....

Ar y _____, byddwn yn trefnu

Wedi i chi ysgrifennu'r newyddion, gofalwch eich bod wedi gwneud y pethau pwysig hyn :

Prif Lythyren ar gyfer enwau pobl a llefydd	
Misoedd wedi eu sillafu'n gywir	
Rhai misoedd yn newid ar ôl y gair 'o'	
Atalnod llawn (.) ar ddiwedd pob brawddeg	
Atalnod (,) er mwyn rhannu brawddeg	
Ebychnod (!) os oes syndod	
Is-bennawd ar gyfer pob eitem newyddion	

James a'r Eirinen Wlanog Enfawr

Mae James yn byw gyda'i ddwy fodryb gas mewn tŷ ar ben bryn. Mae'r eirinen enfawr wedi bod yn tyfu yng ngardd James. Un noson, mae James yn gweld twll yn ochr y ffrwyth, sef twnnel yn arwain at y garreg yng nghanol yr eirinen. Yno, mae James yn cyfarfod â'i ffrindiau newydd, sef yr Hen Sioncyn y Gwair Gwyrdd, Corryn, Buwch Goch Gota, Neidr Gantroed, Mwydyn, Prif Sidan a'r Pryfyn Tân.

A nawr roedd yr eirinen wlanog wedi torri'n rhydd o'r ardd ac roedd hi dros ymyl y bryn, yn rholio a bownsio i lawr y llethr serth yn rhyfeddol o gyflym. Aeth yn gynt a chynt a chynt, ac yn sydyn gwelodd y tyrfaoedd o bobl a oedd yn dringo'r bryn yr anghenfil ofnadwy yma'n plymio tuag atyn nhw a dyma nhw'n sgrechian ac yn gwasgaru i'r dde ac i'r chwith wrth iddi ruthro heibio.

Ar waelod y bryn gwibiodd ar draws y ffordd, gan fwrw polyn teligraff a gwasgu dau gar wedi'u parcio yn fflat wrth iddi fynd heibio.

Yna rhuthrodd yn wyllt ar draws tua ugain o gaeau, gan dorri'r holl ffensys a chloddiau yn ei llwybr. Aeth yn union drwy ganol gyrr o wartheg Jersey gwych, ac yna drwy braidd o ddefaid, ac yna drwy lond padog o geffylau, ac yna drwy lond buarth o foch, a chyn hir roedd y wlad i gyd yn berwi o heidiau o anifeiliaid wedi'u dychryn yn carlamu'n wyllt i bob cyfeiriad.

Roedd yr eirinen wlanog yn dal i fynd yn anhygoel o gyflym heb unrhyw sôn ei bod yn arafu, ac ymhen rhyw filltir arall daeth at bentref.

Rholiodd i lawr prif stryd y pentref, gyda phobl yn llamu'n wyllt o'i llwybr i'r dde ac i'r chwith, ac ar ben y stryd tarodd drwy wal adeilad enfawr a mas drwy'r ochr draw, gan adael dau dwll mawr crwn yn y brics...

...rhuthrodd yr eirinen wlanog yn ei blaen dros y wlad – ymlaen ac ymlaen ac ymlaen, gan adael dinistr a distryw ar ei hôl. Pob beudy, stabl, twlc, ysgubor, byngalo, tas wair, syrthiodd popeth a oedd yn ei ffordd i'r llawr yn glec.

(**James a'r Eirinen Wlanog Enfawr**, *Roald Dahl,* addasiad Elin Meek, Rily Publications Ltd)

Grwpiau Trafod

1. Beth wnaeth y bobl wrth weld yr eirinen yn dod?
2. Pa ddamweiniau ddigwyddodd ar waelod y bryn?
3. Beth ddigwyddodd i'r anifeiliaid oherwydd yr eirinen?
4. Ydych chi'n credu y bydd yr eirinen yn stopio? Oes syniad gyda chi ymhle?
5. Pa fath o le ydych chi'n credu sydd y tu mewn i'r eirinen?
6. Yn eich barn chi, pa fath o daith y mae James a'r holl anifeiliaid sydd y tu mewn i'r eirinen yn ei chael?

Edrychwch ar y geiriau hyn:

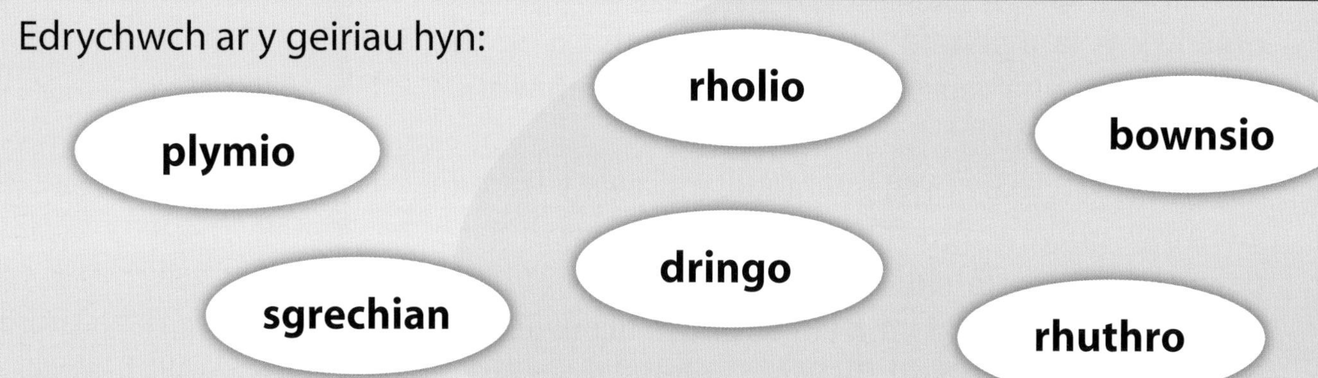

Ydych chi'n gwybod beth yw ystyr y geiriau hyn?
Trafodwch y geiriau gyda'ch partner.

Mae'r geiriau hyn i gyd yn sôn am rywbeth sydd yn cael ei wneud. Yr enw am eiriau fel hyn yw BERFENWAU.

BERFENW - gair sy'n gwneud rhywbeth

Beth yw'r berfenwau yn y lluniau hyn?

Edrychwch ar y berfenwau hyn.
Maen nhw'n dweud beth sydd yn digwydd.

darllen
tagu
rhedeg
gwasgu

Edrychwch ar y geiriau hyn.
Ydy'r geiriau wedi newid o gwbl? Sut?
Ydy'r geiriau'n dweud rhywbeth arall nawr? Beth?

darllenais i
tagais i
rhedais i
gwasgais i

Yr enw ar y geiriau hyn yw BERFAU.
Mae BERF yn dweud tri pheth:

- Beth sydd yn digwydd (darllen)
- Pwy sydd yn darllen (fi > ais i)
- Pryd ydw i'n darllen (wedi darllen, yn y gorffennol)

Dyma'r ffyrdd o orffen berfau os ydych chi eisiau sôn am bethau yr ydych wedi eu gwneud e.e. darllen.

darllen**ais** i	darllen**on** ni
darllen**aist** ti	darllen**och** chi
darllen**odd** e / darllen**odd** Jac darllen**odd** hi / darllen**odd** Nia	darllen**on** nhw

Mae'r berfau hyn yn bwysig iawn wrth ysgrifennu am bethau sydd wedi digwydd.

Ta-Ta Tryweryn!

Daw'r darn yma o nofel 'Ta-Ta Tryweryn!' gan Gwenno Hughes.
Mae'r plant newydd ddysgu fod rhaid iddynt symud o'u pentref, Capel Celyn, ger afon Tryweryn, gan fod y cwm yn mynd i gael ei foddi i greu llyn i roi dŵr i Lerpwl.
Mae'r nofel wedi ei seilio ar hanes.

'Be wyt ti eisio?' gwaeddodd Iolo.
Agorodd y drws a baglodd y brawd a'r chwaer i mewn.
'Rydan ni newydd glywed am y brotest yn Lerpwl!' meddai Mari.
'Ac mae Mam yn dweud nad ydi plant yn cael mynd!' ychwanegodd Huw. 'Rydan ni wedi crefu am gael mynd, ond mae hi'n bendant nad lle plant ydi protestio!'
'Be sy gan hynny i'w wneud hefo ni?' holodd Iolo yn sorllyd...

'Wel, mi fydd yn rhaid i ni wneud rhywbeth ...'
'A gorau po gyntaf,' ychwanegodd Mari.
'Mi wn i!'
Roedd Bedwyr wedi cael syniad. 'Be 'di pwynt protestio?'
'Tynnu sylw.'
'A be 'di'r ffordd orau o dynnu sylw?'
'Sgrechian!'
'Gweiddi!'
'Codi twrw!'
'Ia. Ond mae angen baneri er mwy tynnu sylw go iawn. Baneri. Placiau. A phosteri. Tasen ni'n mynd ati fel lladd nadroedd i lunio rhai, mi fydden ni'n dangos i'r oedolion ein bod ni o ddifri, a'n bod ni eisio bod yn rhan o'r frwydr i achub y cwm.'

Beth sy'n digwydd nesaf? Gallwch ddarllen mwy yn y nofel '**Ta-Ta Tryweryn!**' gan *Gwenno Hughes* (Gwasg Gomer)

Grwpiau Trafod

1. Ble mae'r criw ffrindiau'n byw?
2. Pam mae protest yn cael ei threfnu yn Lerpwl?
3. Beth, yn eich barn chi, yw protest?
4. Pam mae'r plant eisiau mynd i brotestio?
5. Sut fyddech chi'n teimlo petai rhaid i chi symud am fod eich pentref yn cael ei foddi fel hyn?
6. Pam ydych chi'n credu mai 'Ta-Ta Tryweryn!' yw teitl y nofel? Ydy e'n deitl da? Pam?
7. Fyddech chi'n hoffi darllen mwy o'r nofel? Pam?

Sylwch ar y geiriau sydd yn dilyn weithiau pan mae un o'r plant yn siarad.

Er enghraifft: 'Be wyt ti eisio?' **gwaeddodd** Iolo.

Darllenwch y ddeialog yma.
Rhowch air sydd yn gwneud synnwyr yn y bylchau.

"Beth wyt ti'n mynd i'w wneud heddiw?" __________ mam.
"Rydw i'n mynd i barti pen-blwydd Sam prynhawn 'ma," __________ Gwion.
"Ble mae'r parti?" __________ mam.
"Wel, dydy e ddim yn barti go iawn. Rydyn ni'n mynd i gael cinio ac yna i weld ffilm," __________ Gwion.
"O, dyna braf. Wna i dy nôl di ar ôl y ffilm," __________ mam.

atebodd	dywedodd	esboniodd	holodd	gofynnodd

Mae'r geiriau yma yn y darn.
Ysgrifennwch frawddeg yr un yn cynnwys yr idiomau hyn:

codi twrw

fel lladd nadroedd

Beth am greu poster i esbonio beth mae un o'r idiomau hyn yn ei olygu?

Edrychwch ar y gair yma: **atebodd**

Allwch chi rannu'r gair yn ddau? **ateb + odd**

'odd' yw'r diwedd ar air pan ydyn ni am

- ddweud bod rhywbeth wedi digwydd yn yr amser gorffennol
- dangos mai rhywun arall (e neu hi) sydd wedi gwneud rhywbeth arbennig e.e Atebodd hi y cwestiwn yn gywir.

Llenwch y grid yma

ateb	ateb	ateb + odd	atebodd
darllen			
nofio			
gwylio			
siarad			
esbonio			
yfed	yf	yf + odd	yfodd
rhedeg			
cerdded			
cysgu			
meddwl			

Yr enw ar y geiriau hyn yw **BERFAU**.

Ewch ati i greu brawddeg ar gyfer pob llun.
Bydd pob brawddeg yn dechrau gyda **BERF** e.e Cerddodd y dyn i'r parc.

Siani'r Shetland

Mae Beca Lewis yn byw ar fferm Parc yr Ebol gyda'i brawd Rhys a'i mam a'i thad. Mae Beca'n ddwl am geffylau ac mae ei mam a'i thad yn mynd i brynu ceffyl iddi ar ei phen-blwydd yn 9 oed. Mae Beca a'i mam yn mynd i farchnad Llanybydder i ddewis ceffyl.

"O Mam, maen nhw i gyd mor annwyl," meddai Beca. Rhedodd draw at y glwyd i gyfarch y ceffylau bach twt. Yno, roedd saith ceffyl yn syllu arni. Roedd rhai'n wyllt, yn aflonydd ac yn gweryru'n uchel, eraill yn dawel ac yn sefyll yn stond fel petaen nhw mewn sioc.

Syllodd Beca'n ofalus ar bob un yn ei dro. Roedd hi'n ysu am fynd â phob un o'r cariadon blewog adref gyda hi i fferm Parc yr Ebol. Ond yn ei chalon, gwyddai mai dim ond un ohonyn nhw y câi ddewis.

Grêt, meddyliodd Beca. O'r diwedd byddai ganddi geffyl ei hun i edrych ar ei ôl, i'w frwsio, i'w farchogaeth a'i faldodi i'r sêr.

"Licen i gael yr un brown 'na – hwnna fanna," dywedodd Beca gan bwyntio'i bys ato.

"O Beca, mae hwnna'n geffyl rhy fawr o lawer i ti... Dere, beth am y gaseg fach ddu sydd draw fanna?" dywedodd ei mam. "Merlen o ynysoedd y Shetlands ger yr Alban yw honna."

"Beth yw ei hoedran hi?" gofynnodd mam Beca i'r ffarmwr.

"Saith oed – ac mae hi'n gaseg fach gall iawn, yn gyfarwydd â sŵn tractor ar y fferm. Mae'n fodlon iawn teithio mewn lorri ond iddi gael digon i'w fwyta," chwarddodd y ffarmwr.

"Ti'n gwybod beth, Mam, hon yw'r un i fi," dywedodd Beca gan afael yn dynn am wddf y gaseg ddu, a honno'n gostwng ei phen yn addfwyn i dderbyn y maldod.

Gallwch ddarllen mwy am hanes Siani'r Shetland yn **'Siani'r Shetland'**, **'Campau Siani'r Shetland'**, **'Nadolig Llawen Siani'** a **'Siani'n Achub y Dydd'** gan *Anwen Francis* (Gwasg Gomer).

Grwpiau Trafod

1. Ble mae Beca'n mynd i ddewis ei hanrheg pen-blwydd?
2. Pa fath o geffylau mae Beca'n eu gweld yn y farchnad?
3. Beth mae Beca'n edrych 'mlaen at gael gwneud wedi iddi gael ei cheffyl hi ei hun?
4. Beth sy'n bod ar y ceffyl brown y mae Beca'n ei weld?
5. Pa fath o geffyl yw'r un du?
6. Ydych chi'n credu bod Beca'n mynd i brynu'r ceffyl du? Pam ydych chi'n credu hyn?

Mae'r bobl hyn yn sgwrsio gyda'i gilydd.
Dewiswch ferf addas o'r rhestr i'w rhoi yn y bylchau.

1. "Ble mae dy fag?" ________ yr athro.
2. "Mae fy mhen i'n dost ofnadwy," ________ Jac.
3. "Ydy hi'n amser cinio eto?" ________ Elin
   "Ydy, mae'n ddeuddeg o'r gloch," ________ Sara.
4. "Mae'r bws yn hwyr," ________ y dyn yn gas.
5. "Mae'n bryd i fi fynd i'r gwely nawr," ________ y ferch.

atebodd	cwynodd	dywedodd
holodd	meddyliodd	gofynnodd

Rhowch y geiriau hyn yn nhrefn yr Wyddor.
Mae'r geiriau i gyd yn dod o'r darn darllen.

ysu **sêr**

tractor **aflonydd**

annwyl **gweryru**

Ysgrifennwch frawddeg yn cynnwys pob un o'r geiriau hyn. Ydych chi'n gwybod beth mae pob gair yn ei olygu?

- Edrychwch ar y darn darllen eto, gan ddarllen y gair yn y frawddeg gyfan i weld a ydych chi'n ei ddeall wedyn
- Edrychwch yn y Geiriadur
- Gofynnwch i rywun yn eich grŵp

Mae Anwen Francis yn defnyddio llawer o **ansoddeiriau i ddisgrifio'r** ceffylau sydd yn y farchnad.

Edrychwch ar yr **ansoddeiriau** hyn.
Beth sydd wedi digwydd iddynt?

yn gyflym	cyflym	c	wedi newid i	g
yn dwt	twt	t	wedi newid i	
yn dawel	tawel	t	wedi newid i	
yn flewog	blewog		wedi newid i	
yn fach	bach		wedi newid i	
yn ddu	du		wedi newid i	
yn gall	call		wedi newid i	

Llenwch y tabl hwn hefyd:

yn borffor	porffor	p	wedi newid i	b
yn drist			wedi newid i	
yn gas			wedi newid i	
yn fach			wedi newid i	
yn ddiddorol			wedi newid i	
yn wych			wedi newid i	
yn fawr			wedi newid i	

Mae **ansoddeiriau** sydd yn dechrau gyda

p t c b d g m

yn treiglo (yn newid) ar ôl y gair **yn**.

Gwiber Emlyn

'Beth wyt ti'n mynd i'w brynu, Megan?' meddai Mam gan wenu. 'Dere at y castell.'

'Rhubanau,' gwaeddodd Megan, a oedd wedi sylwi ar wraig â llond basged o rubanau lliwgar, llachar. Roedd fel petai'r wraig wedi estyn i'r awyr a thynnu enfys i'w basged!

Rhubanau pa liw wnâi hi eu pynu? Am ddewis anodd! Yn sydyn, clywodd Megan sŵn hymian uchel uwchben pob sŵn arall. HYRRYMM! HYRRYMMM!

'Beth yw'r sŵn rhyfedd yna?' meddai Mam yn nerfus. 'Mae e fel petai e'n dod o'r awyr.' Edrychodd i fyny ... Sgrechiodd! Edrychodd gwraig y rhubanau i fyny hefyd a gollyngodd ei basged i'r llawr nes bod y rhubanau'n diflannu dan draed i bob cyfeiriad!

Tywyllodd yr awyr uwchben Castellnewydd Emlyn. Uwchben y dyrfa hedfanai'r aderyn mwyaf welodd Megan erioed! Aderyn enfawr â chorff gwyn, sgleiniog, a chynffon hir fel neidr! Adenydd yr aderyn oedd yn gwneud y sŵn HYRRYMMM! Aeth pawb yn ddistaw; dim ond yr hymian oeraidd oedd i'w glywed. Syllai pawb yn gegagored i fyny i'r awyr. Yna gwaeddodd rhywun, 'Draig! Draig sy 'na! Rhedwch! Rhedwch am eich bywyde!'

Dechreuodd pawb ruthro drihlith draphlith i bob cyfeiriad – rhedodd rhai i'w tai a chuddio dan fyrddau neu mewn cypyrddau; neidiodd rhywun i'r afon; gweryrai ceffylau'n wyllt a brefai defaid yn druenus. HYRRYMM!

Glaniodd y ddraig ar wal y castell. Chwipiai ei chynffon o'r naill ochr i'r llall yn gas wrth iddi edrych o'i chwmpas.

Roedd Megan wedi cuddio ei hwyneb gan ofn yn ffedog ei mam. Mentrodd gymryd cip sydyn ar yr anghenfil. Roedd y ddraig yn anferth! Roedd hi'n hanner neidr a hanner aderyn, ac ar hyd ei chefn a'i chynffon roedd cen caled fel cregyn. Disgleiriai hwn yn yr haul wrth iddi symud. Roedd ganddi dafod coch, hir, ac roedd hi'n poeri a chwythu at y dorf a safai'n edrych i fyny arni. Edrychai'n fileinig o'i chwmpas â'i llygaid coch, cas. Welodd Megan erioed gynffon tebyg ar unrhyw greadur byw. Roedd llygaid pawb yng Nghastellnewydd Emlyn wedi eu heolio ar y ddraig – beth wnâi hi nesaf?

Cewch ddarllen mwy am y ddraig yn y llyfr '**Creaduriaid rhyfeddol**' gan *Helen Emanuel Davies* (Gwasg Gomer)

Grwpiau Trafod

1. Beth mae Megan eisiau ei brynu yn ffair Castellnewydd Emlyn?
2. Beth ddigwyddodd i wraig y rhubanau pan glywodd hi'r sŵn yn yr awyr?
3. Pam ydych chi'n credu bod sŵn y ddraig, HYRRYMMM, mewn llythrennau bras?

4a. Pa fath o gorff oedd gan yr aderyn?

4b. Pa fath o gynffon oedd gan yr aderyn?

5. Beth wnaeth y bobl ar ôl gweld y ddraig?
6. Ai draig garedig neu ddraig greulon oedd hi?
   Sut ydych chi'n gwybod hyn?
7. Beth ydych chi'n credu sydd yn mynd i ddigwydd nesaf yn y stori hon?

ANSODDAIR yw'r gair rydym yn ei ddefnyddio er mwyn **DISGRIFIO** rhywbeth arbennig e.e. yn y stori mae'r awdures yn dweud bod yno "lond basged o rubanau **lliwgar**, **llachar**".

Edrychwch ar eich ateb i gwestiynau 4a) a 4b). Ai ansoddeiriau yw'r geiriau hyn?

Chwiliwch am 3 enghraifft arall o ansoddeiriau yn y darn.

Roedd y ddraig ...	yn anferth

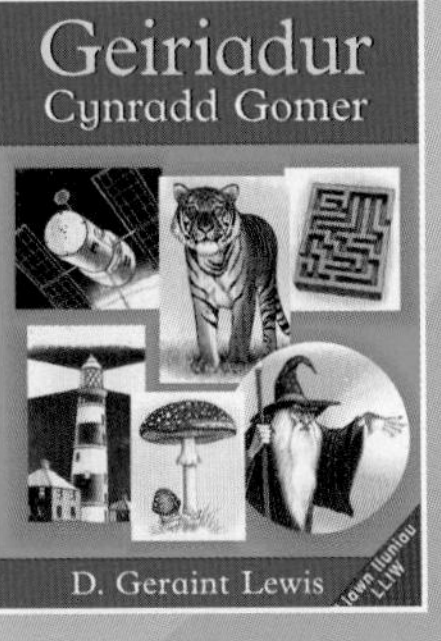

Gwaith Geirfa

Mae'r geiriau yma'n cael eu defnyddio yn y stori. Beth yw eu hystyr?
Ysgrifennwch frawddeg yr un i bob gair:

anghenfil | yn fileinig (mileinig) | yn druenus (truenus) | diflannu

Edrychwch ar y rhestr hon o ansoddeiriau:

bachgen **hapus** a **llawen**
ci **swnllyd**, **direidus**

Meddyliwch am ansoddeiriau i ddisgrifio'r pethau hyn.
Cofiwch roi 'a' neu ',' rhwng yr ansoddeiriau.

haul		a	
môr			
coeden			
car			
plant			

Cysylltwch yr ansoddeiriau sydd yn golygu pethau gwahanol i'w gilydd:

hapus	salw
dwfn	swnllyd
hir	trist
prydferth	rhad
tawel	byr
drud	bas

Cysylltwch yr ansoddeiriau sydd yn golygu'r un peth:

bach	creulon
mawr	pitw
cas	rhewllyd
prydferth	byddarol
swnllyd	godidog
oer	anferth

Edrychwch ar y lluniau yma. Ysgrifennwch **2 frawddeg** am bob llun.
Defnyddiwch o leiaf **1 ansoddair** ym mhob brawddeg.

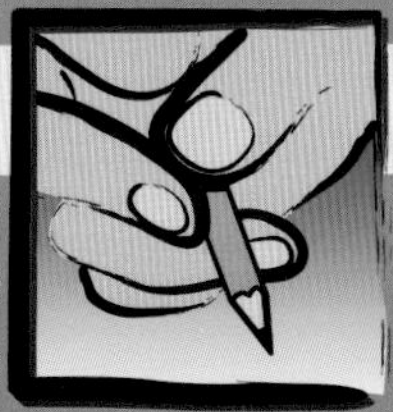

Ysgrifennu Stori

Ysgrifennwch stori am unrhyw anifail.
Gall fod yn anifail dof neu wyllt.

1 Meddwl a chynllunio

Pa fath o anifail sydd yn eich stori?
Ble mae'r stori yn digwydd?

Anifail?
Ble mae'r stori'n digwydd?

- Pa fath o anifail? Ble mae'n byw? Sut mae'n edrych?
- Sut mae'r anifail yn ymddwyn?
- Pa bobl sydd yn y stori?
- Beth yw eu perthynas nhw â'r anifail?

2 Meddwl a chynllunio

Beth sydd yn digwydd yn y stori?
Ceisiwch rannu'ch cynllun i 5 prif bwynt.

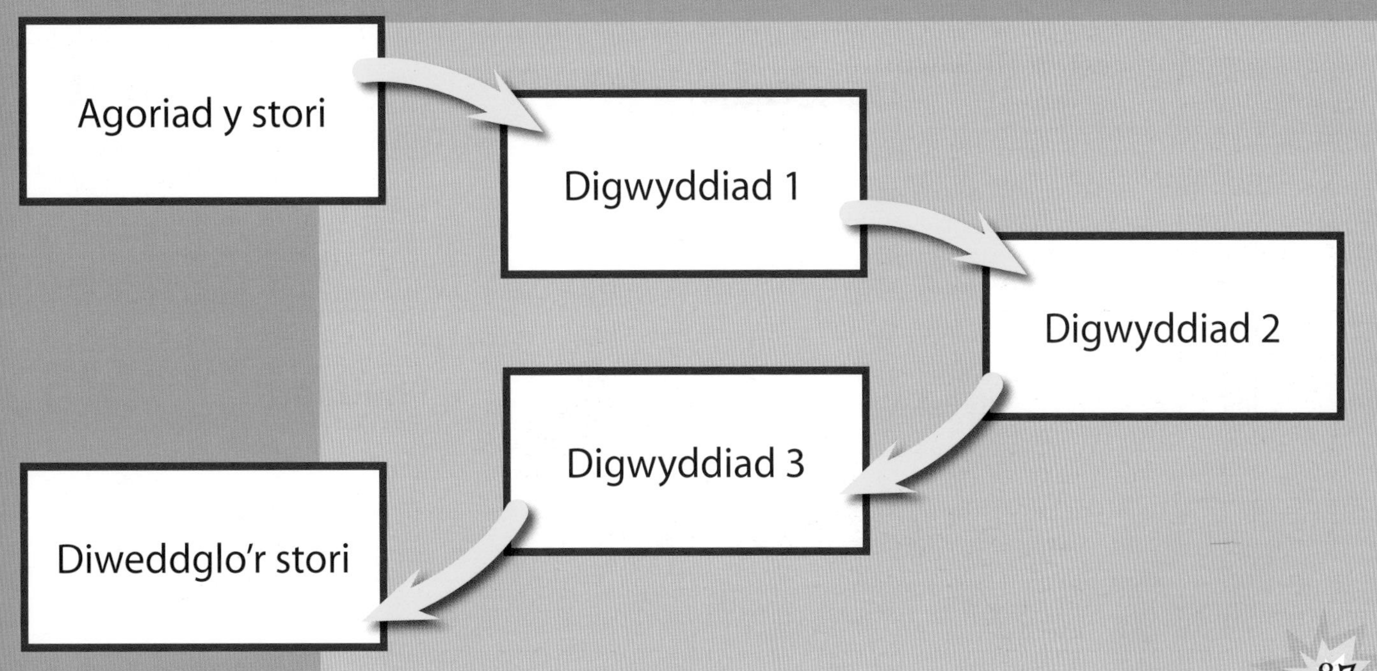

Ffurf y stori

Wrth ysgrifennu stori mae'n rhaid i ni gofio'r pethau hyn:

- agoriad sydd yn dal sylw'r darllenydd
  Beth am agor gyda phobl yn siarad neu gwestiwn?
- Disgrifio'n effeithiol
  Beth am ddefnyddio ansoddeiriau a chyffelybiaethau?
- Paragraffau er mwyn cael trefn ar y gwaith
- Bod y digwyddiadau'n dilyn ei gilydd mewn trefn
- Bwriad stori yw bod pobl ym mwynhau ei darllen.
  Cofiwch hyn wrth ysgrifennu!

Bydd berfau fel hyn yn ddefnyddiol yn eich stori.
Beth am geisio defnyddio rhai ohonynt?

gwyliodd	sylweddolodd	rhuthrodd	casglodd
rhoddodd	syrthiodd	llyncodd	siglodd

Rhaid cofio ein bod yn ceisio defnyddio berfau gwahanol hefyd:

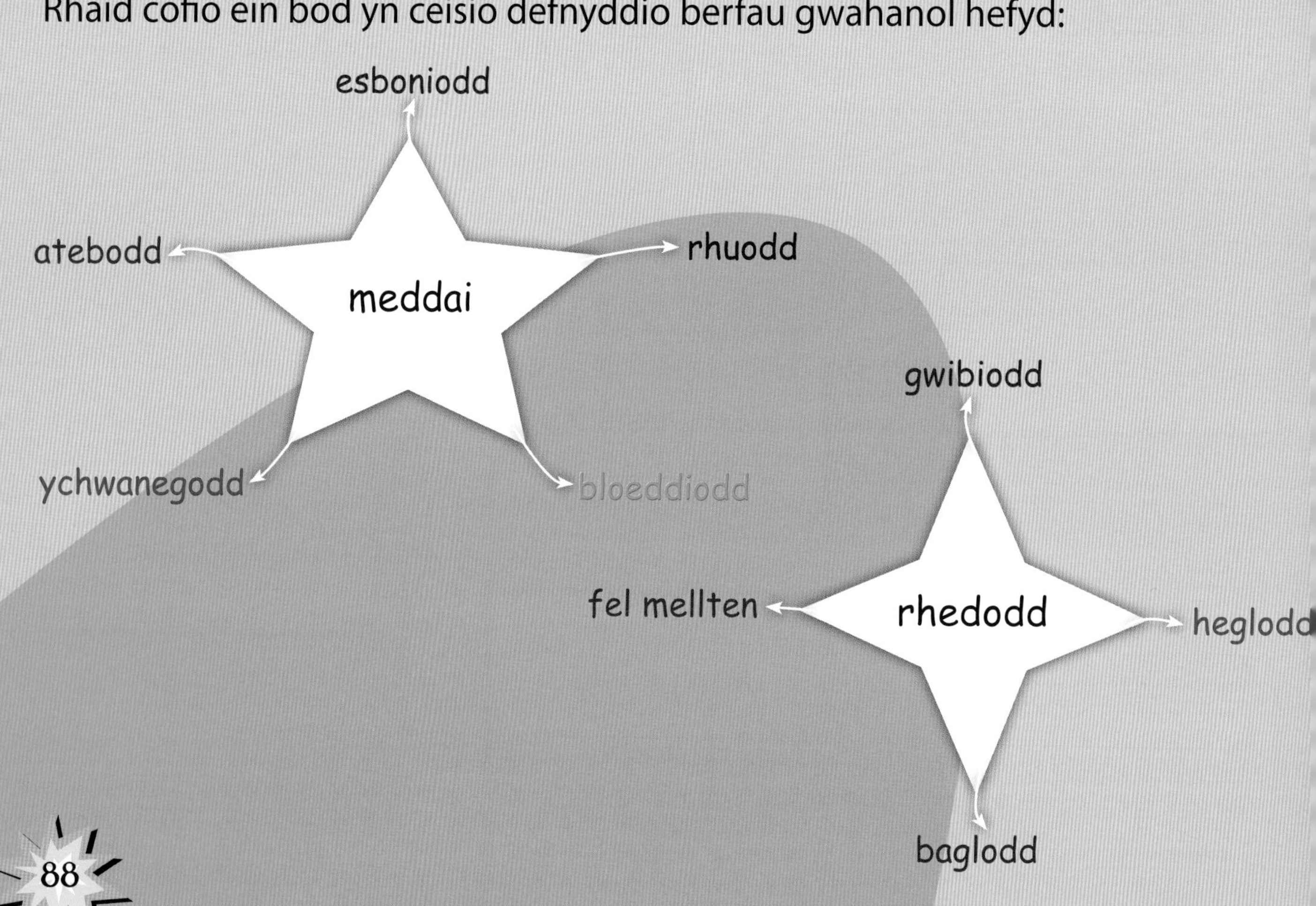